Johanna Backhus / Claudia Steinbrink

Sinne schärfen fürs Lesen und Schreiben

Klett Lernen und Wissen

Herausgeber: Michael Fritz, Transferzentrum für Neurowissenschaften und Lernen (ZNL), Universität Ulm

Johanna Backhus, angehende Ärztin, entwickelte im Rahmen ihrer Doktorarbeit das vorliegende Programm zum Training von Vorläuferfertigkeiten zum Schriftspracherwerb.

Dr. Claudia Steinbrink, Psychologin mit Schwerpunkt Entwicklungs- und Kognitionspsychologie, beschäftigt sich in ihrer Forschung mit dem Zusammenhang von Wahrnehmungs- und Verarbeitungsprozessen und Schriftspracherwerb.

Michael Fritz, Grund- und Hauptschullehrer, arbeitete 17 Jahre als Lehrer und Rektor an Grund- und Hauptschulen, vor allem im Anfangsunterricht. Seit 2004 ist er Geschäftsführer des Transferzentrums für Neurowissenschaften und Lernen (ZNL) in Ulm.

Bibliographische Information der Deutschen Bibliothek
Die Deutsche Bibliothek verzeichnet diese Publikation in der Deutschen Nationalbibliographie; detaillierte bibliographische Daten sind im Internet über http://dnb.ddb.de abrufbar.

Das Werk folgt der neuesten Rechtschreibung 2006.

Auflage 4. 3. 2. 1. | 2009 2008 2007 2006
Die letzten Zahlen bezeichnen jeweils die Auflage und das Jahr des letzten Druckes.

Internetadresse: http://www.klett.de
Illustrationen: Jutta Sailer, Stuttgart
DTP: SMP Sandra Oehler, Remseck
Reproduktion: Meyle + Müller, Medien-Management, Pforzheim
Audio-CD: Bauer Studios, Ludwigsburg
Druck: Medien Druck Unterland GmbH, Flein. Printed in Germany.
ISBN-13: 978-3-12-920263-0
ISBN-10: 3-12-920263-3

9 783129 202630

Inhalt

Vorwort

Lesen und Schreiben sind Schlüssel zum Erfolg. Das gilt für die Schule wie für das Berufsleben. Allerdings erlernen nicht alle Kinder das Lesen und Schreiben erfolgreich. Untersuchungen wie die PISA-Studie der OECD zeigen, dass zu viele Jugendliche selbst am Ende ihrer Schulzeit einen Text weder lesen noch verstehen können. Darüber hinaus entwickeln etwa 5 % aller Grundschüler eine Lese- und Rechtschreibstörung.

Wissenschaftliche Studien haben gezeigt, dass es für das erfolgreiche Erlernen des Lesens und Schreibens wichtig ist, dass das Gehirn Gehörtes und Gesehenes schnell und effizient verarbeiten kann. Auge und Ohr übergeben das, was wir sehen und hören, an zuständige Bereiche im Gehirn, wo es weiterverarbeitet wird. Wenn Kinder Lesen und Schreiben lernen, müssen sie ganz feine Unterschiede zwischen ähnlich klingenden Sprachlauten und fast identisch aussehenden Zeichen erkennen. Diese Fähigkeiten sind manchmal zum Schulanfang nicht ausreichend entwickelt, was zu Problemen im Schriftspracherwerb führen kann.

Für Sie als Eltern stellt sich die Frage: Kann ich mein Kind beim guten Einstieg in das Lesen und Schreiben irgendwie unterstützen? Kann ich Problemen vorbeugen? Wir wissen heute, dass Grundlagen für den erfolgreichen Schriftspracherwerb wie z.B. das oben beschriebene genaue Hören und Sehen schon frühzeitig trainiert werden können. Wichtig für diese Lernprozesse ist das Üben und Wiederholen. Dies gelingt dann am besten, wenn Lerninhalte so aufbereitet werden, dass das Kind zum Lernen motiviert ist. Eine spielerische Aufbereitung der Lerninhalte in einer Form, die das tägliche Üben in einer anregungsreichen Umgebung mit Eltern ermöglicht, ist also anzustreben.

Deshalb haben meine Mitarbeiter im Transferzentrum für Neurowissenschaften und Lernen in diesem Buch Materialien zusammengestellt und ihren Einsatz bei Schülern geprüft, die Ihnen bei der Förderung Ihres Kindes helfen können.
Hier finden Sie Übungen zum Reimen und Klatschen, für Sprach- und Sprechspiele, zum genauen Sehen und Hören. Damit können Sie in einer für Ihr (Vor-)Schulkind geeigneten Art und Weise wesentliche Fähigkeiten schulen und festigen – im Spiel!

Viel Freude und Erfolg dabei wünscht Ihnen

Manfred Spitzer — Ulm, im Frühjahr 2006

Einleitung

1. Ziel und Aufbau dieses Förderbuches

In diesem Buch wurden Übungen zusammengestellt, die ein Erwachsener (z. B. Mutter oder Vater) mit einem Kind im Alter zwischen 5 und 8 Jahren zu Hause durchführen kann. Mit den Übungen soll der Entstehung von Lese-Rechtschreib-schwierigkeiten vorgebeugt werden. Das Buch enthält Aufgaben zum genauen Hinhören und genauen Hinsehen, Rhythmusübungen, Übungen, in denen lautliche Elemente der gesprochenen Sprache zu hören oder zu verändern sind, sowie Sprechübungen. Es geht also nicht um eine direkte Förderung der Lese-Rechtschreibkompetenz. Stattdessen sollen grundlegende Fertigkeiten geschult werden, die helfen, den Einstieg in den Schriftspracherwerb reibungsloser verlaufen zu lassen. Mit diesem Ansatz knüpfen wir an die Ergebnisse wissenschaftlicher Studien an, die belegen, dass sich das Risiko zur Entwicklung von Lese-Rechtschreibschwierigkeiten erhöht, wenn Kinder diese grundlegenden Fertigkeiten nur ungenügend beherrschen.

Im Folgenden möchten wir Ihnen näher erläutern, welchen Bezug die von uns erarbeiteten Übungen zum gelingenden Lese-Rechtschreiberwerb haben.

Übungen zum genauen Hören 

Zum Lesen- und Schreibenlernen ist die genaue Wahrnehmung und Unterscheidung von Sprachlauten wichtig. Diese hören sich manchmal sehr ähnlich an, werden jedoch unterschiedlich verschriftlicht. Zum Beispiel unterscheiden sich die gesprochenen Wörter *Miete* und *Mitte* nur in der Länge des Vokals *i*. Die Vokallänge weist darauf hin, wie das Wort zu schreiben ist (das lange *i* wird als *ie* verschriftlicht, das kurze *i* wird durch die folgenden Doppelkonsonanten *tt* markiert). Unsere Hörübungen sollen die Fähigkeiten des Kindes zum exakten Wahrnehmen und Unterscheiden von Höreindrücken schärfen.

Übungen zum genauen Sehen 

Viele Buchstaben unseres Alphabetes gleichen einander im Schriftbild. Um Buchstaben richtig zu identifizieren und voneinander zu unterscheiden, müssen u. a. die Größe der Buchstaben und die Lage im Raum beachtet werden. Zum Beispiel ist der Buchstabe *b* eine gespiegelte Version des Buchstaben *d*. Wenn Kinder Buchstaben lernen und selbst Buchstaben schreiben, müssen sie diese feinen Unterschiede erkennen. Die Übungen zum genauen Sehen sollen helfen, ihre Unterscheidungsfähigkeit zu schulen.

Übungen zum Erkennen von Rhythmen 

Die gesprochene Sprache verfügt über eine charakteristische Rhythmik betonter und unbetonter Silben. Die Wahrnehmung dieser Betonungsunterschiede hilft dabei, die gesprochene Sprache in Wörter zu zerlegen und Wörter in Silben zu zergliedern. Die Rhythmusübungen sollen den Kindern den Zugang zu Betonungsunterschieden bei der Wahrnehmung von Gehörtem erleichtern.

Übungen zum Sprechen

Auch die Kontrolle der Sprechmotorik ist für das Lesen und Schreiben wichtig. Werden Wörter ungenau artikuliert (d.h. ausgesprochen), ergeben sich Fehler beim lauten Lesen. Beim Schreiben sprechen sich viele Kinder anfangs die Wörter halblaut vor. Wenn sie hierbei ungenau artikulieren, können Rechtschreibfehler entstehen. Die Sprechübungen sollen den Kindern helfen, die Fähigkeit zur exakten Kontrolle der eigenen Artikulation weiter auszubauen.

Übungen zur phonologischen Bewusstheit

Hand – Sand – Wand

Zum Lesen und Schreiben braucht ein Kind die Fähigkeit, lautliche Einheiten in der gesprochenen Sprache wahrzunehmen und damit umzugehen. Dies nennt man „phonologische Bewusstheit". Ein Teilaspekt der phonologischen Bewusstheit ist z.B. das Reimen. Beim Reimen (z.B. *Hand, Sand, Wand, ...*) zeigt ein Kind, dass es Sprachlaute aus einem Wort herauslösen und durch andere Sprachlaute ersetzen kann. Dies ist ein wichtiger Schritt auf dem Weg zu den Fähigkeiten im Umgang mit Sprachlauten, welche für das Lesen und Schreiben notwendig sind. Das Erlernen des Lesens kann z.B. nur dann gelingen, wenn ein Kind u.a. verstanden hat, dass den Buchstaben eines Wortes Sprachlaute zugeordnet sind, die es beim Lesen zusammensetzen muss. Das Erlernen des Schreibens ist nur dann möglich, wenn gesprochene Wörter in Sprachlaute zergliedert werden können, welche dann wiederum in Buchstaben zu übersetzen sind. Mit den Übungen zur phonologischen Bewusstheit möchten wir die Fähigkeit von Kindern fördern, lautliche Einheiten in der gesprochenen Sprache wahrzunehmen, Sprache in Lauteinheiten zu zergliedern und Lauteinheiten neu zusammenzusetzen.

➔ **Hinweis:** Auf den Seiten 10 und 11 finden Sie eine Übersicht, der Sie entnehmen können, welche Übungen aus diesem Buch zu welchen Förderbereichen gehören.

2. Entwicklung und Erprobung

Dieses Förderbuch wurde im Rahmen einer wissenschaftlichen Studie am Transferzentrum für Neurowissenschaften und Lernen (ZNL) in Ulm entwickelt und erprobt. Die Übungen wurden so konzipiert und gestaltet, dass sie folgenden Anforderungen genügen:

a) **Verschiedene Basiskompetenzen fördern:**
In einem einzigen Förderbuch sind Übungen zu verschiedenen grundlegenden Fähigkeiten zusammengestellt, die zum Gelingen des Schriftspracherwerbs beitragen.

b) **Kinder vor und nach der Einschulung fördern:**
Die Übungen sind so gestaltet, dass sie sowohl für Kinder vor der Einschulung als auch für bereits eingeschulte Kinder geeignet sind.

c) **Die Anwendung möglichst einfach gestalten:**
Das Buch ist so aufgebaut, dass auch Nichtfachleute (z.B. Eltern) die Übungen mit Kindern durchführen können. Deshalb enthalten die Aufgaben möglichst genaue

Durchführungsanweisungen und Zusatzhinweise. Die Lösungen der Aufgaben stehen am Ende des Buches. Außerdem wird auf Übungen verzichtet, die aufwendige Vorbereitungen erfordern. Schließlich sind die Aufgaben so gestaltet, dass sie mit einem Minimum an Zusatzmaterialien (CD-Abspielgerät, Stifte) durchführbar sind.

In einer ersten Erprobung des Buches haben mehr als 200 Erstklässler und ihre Eltern das Buch in fünf Wochen durchgearbeitet. Die Kinder wurden dabei an sechs Tagen in der Woche mit den Übungen aus diesem Buch gefördert. Anhand der Rückmeldungen, die wir von Kindern und Eltern erhalten haben, wurde das Buch überarbeitet und verbessert.

Bei der Beurteilung von Fördermaterialien spielt die Frage der Wirksamkeit eine große Rolle: Verbessern sich durch die Durchführung der Aufgaben tatsächlich die Leistungen der Kinder in den geförderten Bereichen? Wir haben eine erste Wirksamkeitsstudie für den Förderbereich „phonologische Bewusstheit" durchgeführt, an der 23 Erstklässler teilnahmen. Diese waren in einer Voruntersuchung aufgrund schlechter Leistungen in einem diagnostischen Test zur Hör- und Sehwahrnehmung sowie in der aufmerksamkeitsunabhängigen Lautunterscheidung im Elektroenzephalogramm (EEG) als Kinder mit Risiko für Lese-Rechtschreib-Schwierigkeiten eingestuft worden. Die Eltern förderten die Kinder über einen Zeitraum von fünf Wochen zu Hause mit dem Trainingsbuch. Die Kinder wurden aber nicht alle im gleichen Zeitraum gefördert, sondern es wurde zunächst die eine Hälfte der Kinder fünf Wochen lang gefördert und erst danach die andere Hälfte der Kinder. Bei allen Kindern wurde das Leistungsniveau in der phonologischen Bewusstheit sowohl zu Beginn der Studie als auch nach den beiden Förderdurchgängen mit einem Testverfahren überprüft. Jedes Kind hat den Test also drei Mal gemacht. Durch dieses Vorgehen konnten wir beurteilen, ob Verbesserungen in den Fähigkeiten zur phonologischen Bewusstheit wirklich auf das Trainingsbuch zurückzuführen waren. Denn wenn das Trainingsbuch wirkt, dann zeigen die Kinder nach der Förderung besonders deutliche Verbesserungen in ihren Leistungen zur phonologischen Bewusstheit. Dies war in der Tat der Fall: Beide Gruppen erreichten nach der Durchführung des Förderprogramms besonders stark ausgeprägte Verbesserungen in den Testergebnissen. Dies belegt, dass das Trainingsbuch den Kindern bei der Ausbildung der Fähigkeit zur phonologischen Bewusstheit hilft.

3. Literaturhinweise

Bei der Entwicklung und Zusammenstellung des vorliegenden Übungsprogramms haben wir uns von Aufgabentypen in folgenden Büchern anregen lassen:

- Breuer, H. & Weuffen, M. (2004). Lernschwierigkeiten am Schulanfang, 5., überarbeitete Auflage. Weinheim: Beltz.
- Forster, M. & Martschinke, S. (2003). Leichter lesen und schreiben lernen mit der Hexe Susi. Donauwörth: Auer.

In diesen Büchern finden Sie auch weitergehende Informationen zum wissenschaftlichen Hintergrund unseres Förderbuches.

Zum Umgang mit diesem Buch

1. Für welche Altersgruppe ist das Trainingsbuch geeignet?

Die Übungen sind für Kinder im Alter von 5 – 8 Jahren vorgesehen.

Schon vor Schuleintritt ist die Arbeit mit einem Großteil der Aufgaben aus diesem Buch möglich. Die Kinder müssen zur Durchführung der meisten Übungen weder alle Buchstaben kennen noch das Lesen beherrschen. Deshalb können auch schon Vorschulkinder die meisten Aufgaben zum Hören und Sehen, zur Schulung von Rhythmus und Sprechen und zur Förderung der phonologischen Bewusstheit bearbeiten.

Einige Aufgaben zur phonologischen Bewusstheit sind allerdings für Vorschulkinder noch etwas zu schwer, z. B. die Aufgaben zum Ersetzen von Lauten oder zum Ordnen von Silben. Gleiches gilt für einige Übungen zum genauen Hinsehen, bei denen bestimmte Buchstaben oder Wörter aus Buchstabenreihen herausgesucht werden müssen. Wir empfehlen Ihnen, diese Aufgaben nicht zu bearbeiten, wenn Sie das Trainingsbuch mit Vorschulkindern oder Kindern direkt nach Schulanfang durchführen.

2. Woraus ist ersichtlich, welche Aufgaben nicht für Vorschulkinder geeignet sind?

Die Aufgaben, die nicht für Vorschulkinder und Kinder direkt nach Schulanfang geeignet sind, sind mit einem Füller als Symbol versehen.

3. Wer kann die Übungen mit dem Kind durchführen?

Die Übungen sind für eine „Zweiersituation" konzipiert: Ein Erwachsener (z. B. Mutter oder Vater) erklärt dem Kind die Übungen und führt sie mit ihm durch. Zur Durchführung der Aufgaben sind keine besonderen Vorkenntnisse erforderlich: Jede Aufgabe ist mit einem Text versehen, der die Aufgabe erklärt. Falls notwendig, enthält die Aufgabe außerdem erläuternde Zusatzinformation für den Erwachsenen. Am Ende des Buches sind die Aufgabenlösungen zu finden.

4. Wie oft und wie lange sollten die Kinder mit dem Buch üben?

Wir empfehlen Ihnen, 20 Minuten am Tag mit Ihrem Kind zu üben. Als Übungstage sollten mindestens die fünf Werktage der Woche genutzt werden. Wenn Sie und Ihr Kind Lust haben, können Sie auch an den Wochenenden mit dem Buch arbeiten. Versuchen Sie, mit Ihrem Kind für jeden Wochentag dieselbe Zeit zum Üben zu vereinbaren, denn Regelmäßigkeiten vermeiden unnötige Diskussionen. Auf diese Art arbeiten Sie und Ihr Kind mindestens 5-mal 20 Minuten pro Woche mit dem Buch. Die kontinuierliche kurze Beschäftigung mit den Übungsinhalten im Verlauf der Woche hilft, Gelerntes zu festigen und beugt einer Überforderung und Demotivierung Ihres Kindes vor. Also üben Sie lieber etwas kürzer und dafür jeden Tag, als dass Sie mit Ihrem Kind eine längere Übungssitzung 1-mal pro Woche vereinbaren!

Wir haben Ihnen die Übungen tageweise zusammengestellt. Insgesamt gibt es Material für 30 Übungstage.

5. Muss die Reihenfolge der Übungen eingehalten werden?

Im Allgemeinen sollten Sie die Reihenfolge der Übungen einhalten. Wir haben die Aufgaben so angeordnet, dass mit den leichteren Aufgaben begonnen wird und sich die Schwierigkeit der Aufgaben steigert. Außerdem haben wir eine Durchmischung der Aufgaben aus den verschiedenen Förderbereichen (Hören, Sehen, Rhythmus, Sprechen und phonologische Bewusstheit) vorgenommen, um die Durchführung der Aufgaben abwechslungsreicher zu gestalten. Durch die Aufteilung der Aufgaben in Übungstage hoffen wir, Ihnen den Umgang mit diesem Buch zu erleichtern.

Dennoch kann es manchmal sinnvoll sein, von der vorgegebenen Reihenfolge der Aufgaben abzuweichen. Stellt sich zum Beispiel heraus, dass eine bestimmte Aufgabenart für das Kind viel zu leicht ist und es sich langweilt, so kann es ratsam sein, diese Aufgaben auszulassen (zu welchem Förderbereich eine Aufgabe gehört, erkennen Sie an dem Symbol neben der Aufgabenüberschrift). Stellen Sie auf der anderen Seite fest, dass das Kind mit Aufgaben aus einem bestimmten Förderbereich gar nicht zurechtkommt, so können Sie gezielt weitere Beispiele dieses Aufgabentyps üben. Bitte achten Sie jedoch darauf, dass die Arbeit mit dem Buch nicht zu Zwang oder „Drill" werden soll. Mit der Beibehaltung der Reihenfolge und der damit verbundenen Abwechslung bezüglich der Aufgaben können Sie dazu beitragen, dass das Kind die Lust an den Übungen nicht verliert und bei der Lösung der Aufgaben viele Erfolgserlebnisse genießen kann.

6. Was ist bei der Durchführung der Übungen zu beachten?

Ziehen Sie sich zur Durchführung der Aufgaben in einen ruhigen Raum zurück, in dem Sie möglichst ungestört mit dem Kind arbeiten können. Zur Durchführung der Hör- und Rhythmusübungen ist ein CD-Player erforderlich, auf dem Sie die Hörbeispiele abspielen können. Jeder Aufgabe sind genaue Hinweise zur Aufgabendurchführung und zur Erklärung der Aufgaben zugeordnet.

Einteilung der Übungen nach Förderbereichen

Übungen zum genauen Hören 

Tag	Übung	Seite
1	1	15
1	3	15
2	1	16
2	2	16
4	1	20
4	2	21
4	3	21
5	1	23
6	2	26

Tag	Übung	Seite
7	5	31
10	3	38
10	4	38
13	4	45
13	5	45
16	3	51
16	4	52
18	3	56
19	1	60

Tag	Übung	Seite
19	5	62
20	1	63
22	4	68
22	5	68
24	3	75
25	5	79
27	4	83
28	3	85
28	4	85

Übungen zum Sprechen 

Tag	Übung	Seite
1	2	15
3	3	18
5	3	24
7	3	30
7	4	31
9	3	36
9	4	36

Tag	Übung	Seite
11	3	39
12	4	42
13	3	44
15	3	50
18	5	57
23	4	71

Tag	Übung	Seite
23	7	73
24	4	75
29	3	88
30	2	89
30	3	89
30	4	90

Übungen zum genauen Sehen 

Tag	Übung	Seite
3	1	18
3	2	18
5	2	23
5	4	24
9	1	34
9	2	35

Tag	Übung	Seite
11	4	40
15	1	48
15	2	49
17	3	54
17	4	55
21	1	65

Tag	Übung	Seite
23	5	72
23	6 F	73
27	1 F	82
27	2 F	82
29	2 F	88
29	4 F	88

Übungen zur phonologischen Bewusstheit

Hand – Sand – Wand

Tag	Übung	Seite
6	1	26
7	1	29
7	2	30
8	1	32
8	3	33
10	1 F	37
10	2	37
11	1 F	39
11	2	39
12	1	41
12	2	41
12	3 F	42
13	1	44
13	2 F	44
14	1	46
14	2	46
14	3	47

Tag	Übung	Seite
16	1	51
16	2	51
17	1	53
17	2 F	53
18	1	56
18	2	56
18	4 F	57
19	2	60
19	3	61
19	4 F	62
20	2 F	63
21	2 F	66
21	3 F	66
22	1	67
22	2 F	67
22	3 F	68
23	1 F	70

Tag	Übung	Seite
23	2	70
23	3 F	71
24	1	74
24	2 F	74
25	1 F	78
25	2 F	78
25	3 F	78
25	4	79
26	1	80
26	2 F	80
26	3 F	81
27	3 F	83
28	1 F	84
28	2 F	85
29	1 F	87
30	1 F	89

Übungen zum Erkennen von Rhythmen

Tag	Übung	Seite
2	3	17
4	4	22
6	3	27
8	2	32
10	5	38

Tag	Übung	Seite
12	5	42
14	4	47
16	5	52
18	6	58
20	3	64

Tag	Übung	Seite
22	6	69
24	5	76
26	4	81
28	5	86
30	5	90

Zur Erläuterung:

F = Füller

Die so gekennzeichneten Übungen sind nicht für Vorschulkinder und Kinder direkt nach der Einschulung geeignet.

Zum Umgang mit der Geschichte der Wasserschildkröte Elvira

Liebe Eltern,

auf der rechten Seite beginnt der Übungsteil mit dem Anfang einer Geschichte von der Wasserschildkröte Elvira, die im Verlauf des Buches weitererzählt wird.
Diese Geschichte soll den Kindern zeigen, dass sie mit Ausdauer und vielen kleinen Schritten an ihr Ziel kommen können.
Das Wichtigste an der Geschichte aber ist:
Sie soll Spaß machen und ein wenig Abwechslung in den Übungsteil bringen.

Wir wünschen Ihnen und Ihrem Kind viel Spaß und Ausdauer beim Vorlesen und bei den Übungen!

Johanna Backhus und Claudia Steinbrink

Die Geschichte der Wasserschildkröte Elvira

1. Teil: Der Zoo

Elvira war noch sehr klein, als sie von Tierräubern an ihrem Heimatstrand gefangen und verschleppt wurde. Über viele Umwege gelangte die Wasserschildkröte in den Zoo Trambuli. Am Anfang fühlte Elvira sich neben den großen Tieren allein und schutzlos. Aber mit der Zeit lernte sie ihre Mitbewohner kennen, und die Seerobbe Felipe und der Tiger Kamusa wurden ihre besten Freunde.
Es machte ihr großen Spaß, der Robbe bei ihren tollen Sprüngen zuzusehen. Kamusa bewunderte sie vor allem wegen seines mächtigen Gebisses. Obwohl sie sich in ihrer Umgebung inzwischen recht wohl fühlte und auch als gute Zuhörerin bei allen beliebt war, sehnte sich Elvira nach ihrer Familie und ihrer Heimat, den Galapagosinseln.
Als ihr Heimweh immer schlimmer wurde, erzählte sie ihren beiden Freunden, wie gern sie sich auf den Weg nach Hause machen würde. Felipe war als Plaudertasche bekannt, und er verplapperte sich auch gleich bei der Eule Frieda. Diese konnte auch kein Geheimnis für sich behalten, und so machte die Nachricht von Elviras Plan rasch die Runde im Zoo Trambuli. Außer Kamusa schüttelten alle Tiere nur den Kopf und meinten: „Das ist unmöglich! Der Weg zu deinen Inseln ist viel zu weit und außerdem bist du nicht nur zu klein, sondern auch noch viel zu langsam!“
Das traf Elvira sehr. Doch ihre Sehnsucht war zu groß, und so sprach sie sich selbst Mut zu: „Auf dem Land bin ich zwar langsam, aber ich habe Zeit. Und sind wir Schildkröten nicht berühmt für Geduld und Ausdauer? Vielleicht kann ich ja größere Strecken im Wasser zurücklegen, das geht auf alle Fälle schneller als zu Fuß.“
Trotz aller Bedenken der anderen Tiere ließ sich die kleine Wasserschildkröte nicht umstimmen und plante ihre Flucht.

Bitte unbedingt beachten!
Wichtige Hinweise für die Aussprache von Sprachlauten!

In vielen Aufgaben geht es um Sprachlaute.
Diese Laute werden **schriftlich** als **Buchstaben** oder Buchstabenkombinationen dargestellt.
Ausgesprochen werden sie jedoch als **Laute**, nicht als Buchstaben.
Bei den meisten Wörtern entspricht die Anzahl der Laute nicht der Anzahl der Buchstaben.
Zum Beispiel besteht das Wort *komm* aus vier Buchstaben: *ka-o-em-em*, jedoch nur aus drei Lauten: *k-o-m*.
Wenn es also um das Vorsprechen von **Sprachlauten** geht, darf nicht buchstabiert werden, sondern es soll lautiert werden. Dabei werden die Einzellaute ausgesprochen wie im Wortzusammenhang, der Laut *m* also mit geschlossenem Mund wie im Wort *komm*, das ja auch nicht *kaoemem* ausgesprochen wird.

Beachten Sie diesen Unterschied zwischen Sprachlauten und Buchstaben bitte bei allen Aufgaben, in denen Sie dem Kind einzelne Sprachlaute vorsprechen oder in denen Wörter in Sprachlaute zu zerlegen sind. Dies betrifft vor allem die Aufgaben zur phonologischen Bewusstheit.
Des Weiteren sollten Sie daran denken, die Sprachlaute bei diesen Aufgaben möglichst dialektfrei auszusprechen.

Vielen Dank!

1. Geräusche herausfinden (CD Nr. 1 – 8)

Bitte spielen Sie Ihrem Kind jeweils ein Geräusch von der CD vor und lassen Sie es anschließend bestimmen, was dieses Geräusch verursacht hat.

Sollte Ihr Kind eines oder mehrere Geräusche nicht erkennen, wiederholen Sie bitte die entsprechenden Geräusche und helfen Sie Ihrem Kind bei der Lösung.

2. Geräusche erzeugen

Lesen Sie Ihrem Kind den Text langsam vor. Heben Sie die Hand bei den unterstrichenen Textstellen. Zu diesen soll Ihr Kind während des Vorlesens die entsprechenden Geräusche ohne Hilfsmittel (z. B. Hammer,...) machen.

Beispiel: *der Wind weht* → **huhuhu**

Jeden Morgen, wenn die Kirchturmuhr siebenmal schlägt, dürfen die Kuh Emma und das Schaf Moritz auf die grüne Wiese des Bauernhofes. Gestern sind neun kleine Ferkel geboren worden, die ganz leise im Stroh schnarchen. In der Ecke unter dem Stroh wohnt die Maus Daliah. Daliah ist sehr alt und schwerhörig. Weil sie die Glocken des Kirchturms kaum hört, haben ihr ihre Enkelkinder einen Wecker geschenkt. Wenn sie dann wach ist, kriecht sie aus ihrem kleinen Loch und gähnt erst einmal ausgiebig. Im Futtertrog findet sie den Rest einer Karotte, den sie genüsslich anknabbert. Draußen weht ein kräftiger Wind, und als Daliah in den Himmel schaut, fallen ihr zwei dicke Regentropfen auf den Kopf.

Die Hühner, Gänse und Ziegen haben ihren eigenen Auslauf. Wenn die Bäuerin mit dem Futtereimer aus der Scheune kommt und mit der Zunge schnalzt, kommen alle Tiere gleich angelaufen.

3. Töne unterscheiden (CD Nr. 9 – 16)

Pro Nummer auf der CD erklingen zwei Töne. Nach dem Abspielen der Töne soll Ihr Kind entscheiden, ob der zweite Ton lauter oder leiser war als der erste.

Entscheidet Ihr Kind sich bei einer oder mehreren Aufgaben für die falsche Lösung, wiederholen Sie bitte die entsprechende Aufgabe.

2. Tag

1. Geräusche herausfinden (CD Nr. 17–25)

Bitte spielen Sie Ihrem Kind jeweils ein Geräusch von der CD vor und lassen Sie es anschließend bestimmen, was dieses Geräusch verursacht hat.

Sollte Ihr Kind eines oder mehrere Geräusche nicht erkennen, wiederholen Sie bitte die entsprechenden Geräusche und helfen Sie Ihrem Kind bei der Lösung.

2. Wortreihen

Lesen Sie Ihrem Kind jeweils eine der Wortreihen in normalem Sprechtempo vor. Fordern Sie das Kind anschließend auf, dasjenige Wort zu nennen, das zweimal vorkommt.

Sollte Ihr Kind bei einer oder mehreren Wortreihen das entsprechende Wort nicht erkennen, so wiederholen Sie bitte die betreffende Wortreihe.

Beispiel: *Hase, Maus, Hase, Schaf* → **Hase**

1. Kuppe, Kurs, Kuppe, Kalb
2. Himmel, Hölle, Himmel, Hotel
3. Pfannkuchen, Brot, Banane, Brot
4. Springseil, Spielzeug, Kasten, Springseil
5. Huhn, Hahn, Küken, Huhn
6. Ulm, unter, Unna, unter
7. Schuh, Pulli, Schal, Pulli
8. Baukran, Bagger, Baukran, Raupe
9. Salzburg, Brandenburg, Salzburg, Hamburg
10. Tulpen, Narzissen, Maiglöckchen, Narzissen
11. Stift, Geld, Haus, Geld
12. Blatt, Papier, Telefon, Telefon
13. Becher, Schlüssel, Schüssel, Becher
14. Karte, Garten, Kamel, Karte
15. Kalender, Pferd, Haus, Pferd
16. Telefon, Maus, Hase, Hase
17. Stift, Griff, Fisch, Stift
18. Glas, Bild, Gas, Glas

3. Rhythmus nachklatschen 

Klatschen Sie Ihrem Kind mit den Händen die unten vorgegebenen Rhythmen nacheinander vor, wobei das Kind Ihre Hände gut sehen soll. Nach jedem Rhythmus fordern Sie Ihr Kind auf, den eben geklatschten Rhythmus nachzuklatschen.

Bitte achten Sie darauf, dass sowohl der Rhythmus als auch die Anzahl richtig wiedergegeben werden.

Sollte Ihr Kind beim Nachklatschen Fehler machen, wiederholen Sie bitte das betreffende Rhythmusbeispiel.

Beispiel: • – • • •   (• steht für kurzes Klatschen, – für Klatschen mit Pause)

Klatschbeispiele finden Sie bei Nr. 85 auf der CD.

1. — — •
2. — • — •
3. — • — ••
4. •• — — •
5. — • — ••
6. • — — •
7. — — ••
8. — •• — •
9. — ••••
10. • — — •

1. Buntstifte sortieren

Zunächst soll Ihr Kind alle Buntstifte (evtl. auch Füller o. ä.) aus seinem Mäppchen holen und vor sich auf den Tisch legen.

Nun fordern Sie es auf, die vor ihm liegenden Stifte unter folgenden Gesichtspunkten zu ordnen:

- zuerst nach ihrer Größe, angefangen mit dem kleinsten Stift,
- dann nach ihrer Farbe, angefangen mit dem dunkelsten Stift,
- zum Schluss nach ihrer Größe, angefangen mit dem größten Stift.

Wenn ihr Kind dabei Probleme haben sollte, helfen Sie ihm mit dem Legen des nächsten Buntstiftes.

2. Muster nachmalen

Ihr Kind soll das Bild möglichst genau im unten stehenden Kasten nachmalen.

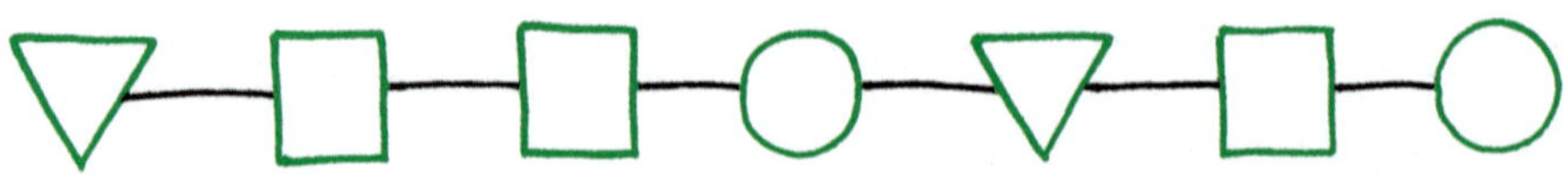

3. Geräusche erzeugen

Lesen Sie Ihrem Kind den Text langsam vor. Heben Sie die Hand bei den unterstrichenen Textstellen. Zu diesen soll Ihr Kind während des Vorlesens die entsprechenden Geräusche ohne Hilfsmittel (z.B. Hammer,...) machen.

Beispiel: *Die Uhr schlug eins* → **dong**

Das kleine Gespenst

Die Uhr schlug 3. Das kleine Gespenst sprang glücklich aus dem Bett und stieß sich gleich den Kopf an der kleinen Turmglocke. Doch nachdem es kurz in Gespensterart geächzt und gestöhnt hatte, fiel ihm wieder ein, dass heute ein ganz besonderer Tag war. Flink schwebte es bis in die oberste Turmspitze, klopfte leise an den Balken und als das noch nicht wirkte, hämmerte es mit allen Kräften. Das erschreckte eine Taube, die laut gurrend davonflog. Endlich ertönte ein verschlafenes „Huhu!", und sein alter Freund, der Uhu flatterte herbei. Das kleine Gespenst kicherte vergnügt: „Alles Gute zum Geburtstag, bester Freund!", und schlug einen Purzelbaum vor lauter Freude. Auch die Krähen erwachten und krächzten unmutig aus dem Baum gegenüber. In diesem Augenblick knallte ein Schuss durch die Nacht, eine Tür fiel zu, ein Pferd schnaubte und galoppierte wiehernd durch die engen Gassen davon. Die beiden Freunde fuhren erschrocken zusammen.
„Mäuschen, aufwachen, es ist Zeit zur Schule zu gehen!" Die Mutter klatschte in die Hände: „Hopp, hopp!" „Ach, Mami, ich habe gerade so spannend geträumt!", jammerte Paul.

1. Wortreihen

Lesen Sie Ihrem Kind jeweils eine der Wortreihen in normalem Sprechtempo vor. Fordern Sie das Kind anschließend auf, dasjenige Wort zu nennen, das zweimal vorkommt.

Sollte Ihr Kind bei einer oder mehreren Wortreihen das entsprechende Wort nicht erkennen, so wiederholen Sie bitte die betreffende Wortreihe.

Beispiel: *Hase, Maus, Hase, Schaf* → **Hase**

1. Tag, darf, Tag, Dorf
2. Torte, Trog, Trommel, Torte
3. Sonntag, Samstag, Samstag, Sonnentag
4. Wiese, Fliese, Wiese, Fiedel
5. Rose, Rasen, Rasen, lasen
6. Luft, ruft, Luft, Rolf
7. Wald, Wald, Fladen, fad
8. Schaf, schuf, Stoff, Schaf
9. Stall, Stuhl, Schule, Stuhl
10. Gold, kalt, Golf, Gold
11. Kammer, Kummer, Gummi, Kummer
12. Post, Paste, Post, Puste
13. backen, plagen, Puck, backen
14. Konto, Kante, Ganter, Kante
15. Nadel, Nudel, Nadel, Nagel
16. Storch, Storch, stach, Stich
17. Sprache, Spruch, Spruch, Spachtel
18. Wasser, Vase, Laster, Wasser

2. Wörter ersetzen

Lesen Sie Ihrem Kind die Geschichte in normalem Sprechtempo Satz für Satz vor. Nach jedem Satz soll Ihr Kind entscheiden, ob es Wörter gehört hat, die nicht in den Satz gehören, und diese dann durch die passenden Wörter ersetzen.

Sollte Ihr Kind ein zu ersetzendes Wort nicht erkennen, wiederholen Sie bitte den Satz so lange, bis das entsprechende Wort erkannt und ersetzt worden ist. Gegebenenfalls nennen Sie Ihrem Kind die Lösung und lassen es den sinnvollen Satz wiederholen.

Beispiel: *Der Jäger ging fließen.* → *Der Jäger ging* **schießen**.

Im Zirkus

Am Mattwoch geht die Klasse 1b in den Zorkus. Seit gestern stillt das kleine Zelt mit den bunten Wogen auf der Wiese. Als alle Kinder Pilze genommen haben, kommen die Clowns hereingestürmt. So ein Spieß! Die Kinder lochen. Es folgt eine hübsche Zieltänzerin. Sie kann sogar ein Rund schlagen auf dem Seil. Als die schön glänzenden Pfade hereintraben, freuen sich besonders die Märchen. Der Dompteur mit den Loben und den Tigern gefällt vor allem den Buben. „Auf die Pfütze, fertig, los!", kommandiert der dumme August die dumme Augustine beim Pudelbaum schlagen.
Am Schluss dürfen die Rinder noch eine Elefantenschau sehen und einen Zirkuswagen berichtigen. Ganz begeistert lachen sie sich auf den Heimweg.

3. Töne unterscheiden (CD Nr. 26 – 33)

Pro Nummer auf der CD erklingen zwei Töne. Nach dem Abspielen der Töne soll Ihr Kind entscheiden, ob der zweite Ton lauter oder leiser war als der erste.

Entscheidet Ihr Kind sich bei einer oder mehreren Aufgaben für die falsche Lösung, wiederholen Sie bitte die entsprechende Aufgabe.

4. Rhythmus nachklatschen

Klatschen Sie Ihrem Kind mit den Händen die unten vorgegebenen Rhythmen nacheinander vor, wobei das Kind Ihre Hände gut sehen soll. Nach jedem Rhythmus fordern Sie Ihr Kind auf, den eben geklatschten Rhythmus nachzuklatschen.

Bitte achten Sie darauf, dass sowohl der Rhythmus als auch die Anzahl richtig wiedergegeben werden.

Sollte Ihr Kind beim Nachklatschen Fehler machen, wiederholen Sie bitte das betreffende Rhythmusbeispiel.

Beispiel: • — • • • (• steht für kurzes Klatschen, — für Klatschen mit Pause)

Klatschbeispiele finden Sie bei Nr. 85 auf der CD.

1. — • — • •
2. — • • — •
3. • • — — •
4. — • — — •
5. — — • •

1. Wörter ersetzen

Lesen Sie Ihrem Kind die Geschichte in normalem Sprechtempo Satz für Satz vor. Nach jedem Satz soll Ihr Kind entscheiden, ob es Wörter gehört hat, die nicht in den Satz gehören, und diese dann durch die passenden Wörter ersetzen.

Sollte Ihr Kind ein zu ersetzendes Wort nicht erkennen, wiederholen Sie bitte den Satz so lange, bis das entsprechende Wort erkannt und ersetzt worden ist. Gegebenenfalls nennen Sie Ihrem Kind die Lösung und lassen es den sinnvollen Satz wiederholen.

Beispiel: *Der Jäger ging fließen.* → *Der Jäger ging* **schießen**.

In der Schule

Susi geht in die erste Kasse. Jeden Morgen leht sie mit ihrem Freund Max zur Schule. Unterwegs treffen sie viele ihrer Freuden. Beim Täcker kauft sich Max heute eine Brezel. Er malt mit einer 1-Euro-Münze. In der Spule hängen die Kinder ihre Jacken auf. Im Klassenzimmer passen sie die Schulranzen aus. Ihre Lehrerin begießt sie freundlich: „Garten Tag, Susi und Max! Wollt ihr mir beim Aufhängen der Bilder hulfen?“ „Ja, ferne“, rufen die beiden.

2. Muster nachmalen

Ihr Kind soll das Bild möglichst genau im unten stehenden Kasten nachmalen.

3. Zungenbrecher nachsprechen

Lesen Sie Ihrem Kind jeden Satz in langsamem Tempo vor und fordern Sie es danach auf, diesen nachzusprechen.

Gelingt dies Ihrem Kind am Anfang noch nicht, wiederholen Sie den entsprechenden Zungenbrecher. Wenn der Satz Ihrem Kind sehr schwerfallen sollte, sprechen Sie ihn langsam mit Ihrem Kind gemeinsam, oder zerlegen Sie den Satz in Teilsätze zum Nachsprechen.

1. Meine Mutter mag meine Mirabellenmarmelade möglichst mit meinem Marmorkuchen.
2. Es zwitschern zwei schwarzweiße Schwalben zwischen zwei weißschwarzen Schwalbennestern.
3. Pfeifer Pfiff pflanzt pfeifend pfirsichfarbene Pfefferpflanzen.

4. Buchstaben verbinden

Auf der Abbildung auf Seite 25 sehen Sie fünf Buchstaben oberhalb und unterhalb des Gewirrs aus Schnüren.

Ihr Kind soll durch Nachfahren der Schnüre herausfinden, welcher Buchstabe in welches Kästchen auf der anderen Seite gehört.

Ihr Kind soll jede Schnur mit einer anderen Farbe nachzeichnen und den Buchstaben in das richtige Kästchen auf der anderen Seite übertragen. Werden die Buchstaben richtig auf die andere Seite gebracht, so ergeben sich zwei Wörter.
Wenn Sie die Übungen mit einem Vorschulkind durchführen, dann lesen Sie Ihrem Kind die Wörter vor. Kann Ihr Kind bereits lesen, so bitten Sie es, Ihnen die entstandenen Wörter vorzulesen.

E
I
E
M
R

6. Tag

1. Reimwörter erkennen

Hand – Sand – Wand

Lesen Sie Ihrem Kind die Wortreihen nacheinander in normalem Sprechtempo vor. Nach jeder Wortreihe soll das Kind entscheiden, welches der Wörter sich nicht mit den anderen Wörtern reimt.

Erkennt das Kind in einer oder mehreren Wortreihen das betreffende Wort nicht, wiederholen Sie bitte diese Reihe, gegebenenfalls in einem langsameren Sprechtempo.

Beispiel: *klein, fein, sein,* **gelb**

1. Wurm, Turm, **Kind**
2. Hase, Vase, **Hund**, Nase
3. Hose, Dose, Rose, **Haus**
4. Fluss, **Feige**, Nuss, Schuss
5. **Münze**, Geld, Held, Feld
6. Schein, mein, dein, **Mund**
7. **Helm**, Bein, Stein, kein
8. Klee, See, **Brei**, Tee
9. Dieb, **feig**, Sieb, Trieb
10. Tuch, Buch, such, **reich**
11. **hoch**, Knopf, Topf, Kopf

2. Geräusche herausfinden (CD Nr. 34 – 41)

Bitte spielen Sie Ihrem Kind jeweils ein Geräusch von der CD vor und lassen Sie es anschließend bestimmen, was dieses Geräusch verursacht hat.

Sollte Ihr Kind eines oder mehrere Geräusche nicht erkennen, wiederholen Sie bitte die entsprechenden Geräusche und helfen Sie Ihrem Kind bei der Lösung.

3. Rhythmus nachklatschen 

Klatschen Sie Ihrem Kind mit den Händen die unten vorgegebenen Rhythmen nacheinander vor, wobei das Kind Ihre Hände gut sehen soll. Nach jedem Rhythmus fordern Sie Ihr Kind auf, den eben geklatschten Rhythmus nachzuklatschen.

Bitte achten Sie darauf, dass sowohl der Rhythmus als auch die Anzahl richtig wiedergegeben werden.

Sollte Ihr Kind beim Nachklatschen Fehler machen, wiederholen Sie bitte das betreffende Rhythmusbeispiel.

Beispiel: • — • • • (• steht für kurzes Klatschen, — für Klatschen mit Pause)

Klatschbeispiele finden Sie bei Nr. 85 auf der CD.

1. • — — •
2. — — • •
3. — • — • •
4. — • • — •
5. • • — — •

2. Teil: Die Flucht

Durch eine Glasscheibe hatte Elvira Aussicht auf den großen Fluss in der Nähe. Leider konnte sie den Zoo nicht durch den Ausgang verlassen, man hätte sie sofort wieder zurückgeholt.

In der hinteren Ecke des Geheges lag jedoch ein Abwasserkanal, der einmal im Monat gereinigt werden musste. Dabei war der Kanalarbeiter manchmal etwas fahrlässig: Er ließ den Kanaldeckel oft ein paar Minuten lang offen, während er den zweiten Schlauch holte. Mit diesem langen Schlauch konnte er den Kanal auch tief unten säubern.

Das war Elviras Chance zu entkommen! Sie hatte gehört, dass der Kanal direkt in die Kläranlage fließen und das gereinigte Wasser dann in den Fluss geleitet würde. Hoffentlich stimmte diese Information.

Elviras Herz klopfte laut und viel zu schnell vor Aufregung und Angst. Ihr Freund, der Tiger Kamusa, beruhigte sie: „Was du wirklich willst, wirst du auch schaffen: mit vielen kleinen Schritten."

Endlich war der Tag der Entscheidung gekommen. Der Arbeiter erschien mit seinen Geräten und schloss die schmale Tür des Freiluftgeheges auf. Gespannt wartete Elvira hinter einem kleinen Strauch, bis er den zweiten Schlauch holte. Was für ein Glück! Er hatte den Kanaldeckel offen gelassen! Entschlossen marschierte Elvira los. Kurz bevor der Mann wieder erschien, tauchte sie im Kanalwasser unter. Rasch glitt sie durch die stinkende Brühe. Aber was war denn das? Vor ihr tauchte plötzlich ein Gitter auf. Elviras Herz raste und sie war fast wie gelähmt vor Angst. Mit aller Kraft versuchte sie, sich durchzuzwängen, aber sie blieb mit ihrem Panzer immer wieder an einem der Stäbe hängen. Sie drehte und wendete sich verzweifelt hin und her. Sollte sie schon kurz vor ihrem ersten Ziel scheitern? Plötzlich entdeckte sie, dass die Gitterstäbe unten etwas Abstand zum Boden hatten.

Sofort glitt sie hinunter, presste sich unter die Stäbe – und auf einmal war sie durch! Sie hatte es geschafft! Sie war frei!

1. Reimen

Hand – Sand – Wand

Lesen Sie Ihrem Kind die nachfolgenden Reime einzeln in normalem Sprechtempo vor. Das Kind soll anschließend das fehlende Reimwort ergänzen.

Wenn Ihr Kind nach zweimaligem Vorlesen die Lösung nicht findet, dann geben Sie Ihrem Kind den Anfangsbuchstaben der Lösung vor.

Sollte auch das anfangs noch nicht helfen, sprechen Sie Ihrem Kind bitte den vollständigen Vers vor und lassen ihn von Ihrem Kind wiederholen.

1. Mein Weg nach Hause ist nicht schwer,
   ich saus ihn oftmals hin und ...

2. Hüpft ein Piepmatz durch den Baum,
   ganz verdeckt, ich seh ihn ...

3. Rumpel ratata rutsch!
   Wir rumpeln mit der ...

4. Ri ra rassasa ritten!
   Wir brausen mit dem ...

5. Timpel tampel tus!
   Lauf nun schnell zu ...

2. Wörter in Silben zerlegen

Hand – Sand – Wand

Unten finden Sie Wörter, die Ihr Kind in Silben zerlegt klatschen soll. Zur einfachen Darstellung der richtigen Lösungen sind die Wörter bereits in Silben zerlegt.

Bitte lesen Sie Ihrem Kind jedes Wort langsam vor, ohne es in Silben zu zerlegen. Nun soll Ihr Kind das Wort in Silben klatschen und dabei **laut mitsprechen.**

Sollte Ihr Kind die Lösung nicht finden, klatschen Sie das Wort vor, klatschen Sie es dann gemeinsam, und danach soll Ihr Kind das Wort noch einmal allein klatschen.

Beispiel: *Hase – Ha-se* (**zweimal klatschen**)

Fla-sche	Hund	gelb	Blu-me
Bahn-hof	Te-le-fon	Glas	bunt
Nor-den	Ost	Na-se	E-li-sa-beth
Ho-lun-der	Hals-weh	Sil-ben-sa-lat	Kräu-ter-quark
Ra-pun-zel	Zau-ber-stab	Däu-me-ling	Schnee-weiß-chen
Prinz	Kö-nig	Kö-ni-gin	ro-sen-rot

3. Zungenbrecher nachsprechen

Lesen Sie Ihrem Kind jeden Satz in langsamem Tempo vor und fordern Sie es danach auf, diesen nachzusprechen.

Gelingt dies Ihrem Kind am Anfang noch nicht, wiederholen Sie den entsprechenden Zungenbrecher. Wenn der Satz Ihrem Kind sehr schwerfallen sollte, sprechen Sie ihn langsam mit Ihrem Kind gemeinsam, oder zerlegen Sie den Satz in Teilsätze zum Nachsprechen.

1. Lieselotte lacht laufend lauter lustige Lachsalven, lauter lustige Lachsalven lacht Lieselotte laufend.

2. Als flotte Flieger finden Fruchtfliegen feine Früchte für Flugversuche fantastisch.

4. Abzählvers nachsprechen

Sprechen Sie Ihrem Kind in langsamem Tempo die erste Zeile vor. Ihr Kind soll nun diese Zeile mit Ihnen gemeinsam nachsprechen.

Wenn Ihr Kind diese beherrscht, lesen Sie die nächste Zeile vor und wiederholen gemeinsam die ersten beiden Zeilen. Führen Sie die Übung nach diesem Schema fort.

Tinka, tanka, toi,
das Spiel ist nicht neu.
Tinka, tanka, tu,
und raus bist du!

5. Töne unterscheiden (CD Nr. 42 – 49)

Pro Nummer auf der CD erklingen zwei Töne. Nach dem Abspielen der Töne soll Ihr Kind entscheiden, ob der zweite Ton lauter oder leiser war als der erste.

Entscheidet Ihr Kind sich bei einer oder mehreren Aufgaben für die falsche Lösung, wiederholen Sie bitte die entsprechende Aufgabe.

1. Wörter in Silben zerlegen

Hand – Sand – Wand

Unten finden Sie Wörter, die Ihr Kind in Silben zerlegt klatschen soll. Zur einfachen Darstellung der richtigen Lösungen sind die Wörter bereits in Silben zerlegt.

Bitte lesen Sie Ihrem Kind jedes Wort langsam vor, ohne es in Silben zu zerlegen. Nun soll Ihr Kind das Wort in Silben klatschen und dabei **laut mitsprechen.**

Sollte Ihr Kind die Lösung nicht finden, klatschen Sie das Wort vor, klatschen Sie es dann gemeinsam, und danach soll Ihr Kind das Wort noch einmal allein klatschen.

Beispiel: *Hase – Ha-se* (**zweimal klatschen**)

Trak-tor	Huhn	Schwein	Schlitt-schuh
Kle-ber	Spül-lap-pen	Ta-schen	Ze-bra
Schul-ran-zen	Blu-men-topf	Schwimm-bad	Na-sen-bär
Tor-te	Schul-hof	Schwei-ne-bra-ten	Haus-meis-ter
Lam-pe	Su-per-star	Mäus-chen	Meer-schwein-chen
Männ-chen	Glöck-chen	Bett-lein	Schwes-ter-lein

2. Rhythmus nachklatschen

Klatschen Sie Ihrem Kind mit den Händen die unten vorgegebenen Rhythmen nacheinander vor, wobei das Kind Ihre Hände gut sehen soll. Nach jedem Rhythmus fordern Sie Ihr Kind auf, den eben geklatschten Rhythmus nachzuklatschen.

Bitte achten Sie darauf, dass sowohl der Rhythmus als auch die Anzahl richtig wiedergegeben werden.

Sollte Ihr Kind beim Nachklatschen Fehler machen, wiederholen Sie bitte das betreffende Rhythmusbeispiel.

Beispiel: • — • • • (• steht für kurzes Klatschen, — für Klatschen mit Pause)

Klatschbeispiele finden Sie bei Nr. 85 auf der CD.

1. — • — ••
2. — •• — •
3. • — • — •
4. • — — ••
5. •• — — •

3. Reimen

Hand – Sand – Wand

Lesen Sie Ihrem Kind die folgenden Reime einzeln in normalem Sprechtempo vor. Das Kind soll anschließend das fehlende Reimwort ergänzen.

Wenn Ihr Kind nach zweimaligem Vorlesen die Lösung nicht findet, dann geben Sie Ihrem Kind den Anfangsbuchstaben der Lösung vor.

Sollte auch das anfangs noch nicht helfen, sprechen Sie Ihrem Kind bitte den vollständigen Vers vor und lassen ihn von Ihrem Kind wiederholen.

1. Esel, Ente, Elefant
   marschieren durch das ganze ...

2. Hans ist heute heiser,
   drum liest er immer ...

3. Maus Susi findet einen Schatz
   und sucht dafür `nen guten ...

4. Auf dem langen grünen Damm
   hoppelt stolz ein kleines ...

5. Auf das Loch von Annas Hose
   näht Omi eine rote ...

6. Wer macht da wohl eine Rast
   auf dem großen dicken ...?

7. Als Opa ruhte müd’ im Sessel,
   da pfiff sehr schrill der Wasser...

8. Auf dem Felde sitzt ein Hase
   der hat eine rote ...
   Auch ein Has’ mit blauem Ohr,
   so was kommt ganz selten ...

1. Punkte verbinden

Ihr Kind soll die Punkte zu Buchstaben verbinden.

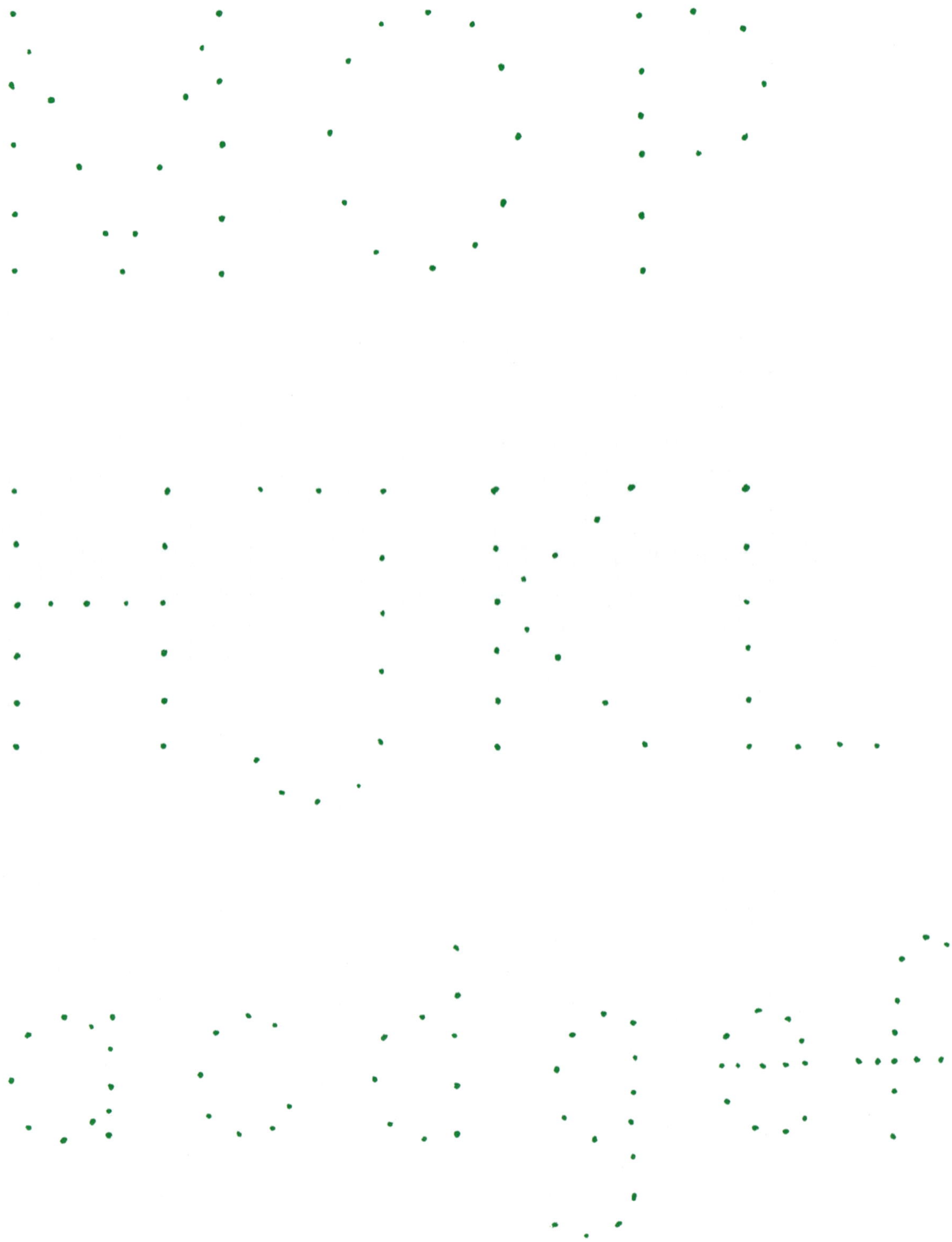

2. Muster nachmalen

Ihr Kind soll die Muster aus der ersten Zeile in die anderen Zeilen übertragen.

3. Zungenbrecher nachsprechen

Lesen Sie Ihrem Kind jeden Satz in langsamem Tempo vor und fordern Sie es danach auf, diesen nachzusprechen.

Gelingt dies Ihrem Kind am Anfang noch nicht, wiederholen Sie den entsprechenden Zungenbrecher. Wenn der Satz Ihrem Kind sehr schwerfallen sollte, sprechen Sie ihn langsam mit Ihrem Kind gemeinsam, oder zerlegen Sie den Satz in Teilsätze zum Nachsprechen.

1. Nanni naschte nur nachts Nüsse, wenn niemand Nannis Naschen nervte.
2. Binden bald blonde Bürstenbinder Bürsten mit braunen Borsten und braune Bürstenbinder Bürsten mit bleichen Borsten?
3. Der Dieter dichtet für Didi Gedichte, doch Didi dankt Dieter das dauernde Dichten nicht.

4. Abzählvers nachsprechen

Sprechen Sie Ihrem Kind in langsamem Tempo die erste Zeile des Abzählverses unten vor. Ihr Kind soll nun diese Zeile mit Ihnen gemeinsam nachsprechen.

Wenn Ihr Kind diese beherrscht, lesen Sie die nächste Zeile vor und wiederholen gemeinsam die ersten beiden Zeilen. Führen Sie die Übung nach diesem Schema fort.

Uno, due, tre,
die Hexe will Tee.
Mit Milch und Zucker
alles in Butter.
Trinkt sie aus,
bist du raus!

1. Weglassen des ersten Lautes

Hand – Sand – Wand

Lesen Sie Ihrem Kind die folgenden Wörter nacheinander vor. Ihr Kind soll bei jedem Wort zunächst den ersten Laut benennen. In einem zweiten Schritt soll es den ersten Laut weglassen und das Wort dann aussprechen. Durch das Weglassen des ersten Lautes entsteht ein anderes Wort.

Beispiel: *Maus* ➔ **m** ➔ **aus**

Hund

mich

bin

Kauf

rein

grau

2. Reimen

Hand – Sand – Wand

Lesen Sie Ihrem Kind die nachfolgenden Reime einzeln in normalem Sprechtempo vor. Das Kind soll anschließend das fehlende Reimwort ergänzen.

Wenn Ihr Kind nach zweimaligem Vorlesen die Lösung nicht findet, dann geben Sie Ihrem Kind den Anfangsbuchstaben der Lösung vor.

Sollte auch das anfangs noch nicht helfen, sprechen Sie Ihrem Kind bitte den vollständigen Vers vor und lassen ihn von Ihrem Kind wiederholen.

1. Bei Tante Frieda auf dem Rasen
   vergnügen sich zwei kleine ...

2. Lauras süße braune Ratte
   baut ein Nest aus weicher ...

3. Floh Hüpf besuchte seine Tante
   und viele andere Ver...

4. „Zum Kuckuck," rief der Großpapa,
   „jetzt war der Fuchs schon wieder ...!"

3. Töne unterscheiden – Lautstärke (CD Nr. 13 – 16)

Pro Nummer auf der CD erklingen zwei Töne. Nach dem Abspielen der Töne soll Ihr Kind entscheiden, ob der zweite Ton lauter oder leiser war als der erste.

Entscheidet Ihr Kind sich bei einer oder mehreren Aufgaben für die falsche Lösung, wiederholen Sie bitte die entsprechende Aufgabe.

4. Töne unterscheiden – Tonhöhe (CD Nr. 50 – 55)

Pro Nummer auf der CD erklingen zwei Töne. Nach dem Abspielen der Töne soll Ihr Kind entscheiden, ob der zweite Ton höher oder tiefer war als der erste.

Entscheidet Ihr Kind sich bei einer oder mehreren Aufgaben für die falsche Lösung, wiederholen Sie bitte die entsprechende Aufgabe.

5. Rhythmus nachklatschen

Klatschen Sie Ihrem Kind mit den Händen die unten vorgegebenen Rhythmen nacheinander vor, wobei das Kind Ihre Hände gut sehen soll. Nach jedem Rhythmus fordern Sie Ihr Kind auf, den eben geklatschten Rhythmus nachzuklatschen.

Bitte achten Sie darauf, dass sowohl der Rhythmus als auch die Anzahl richtig wiedergegeben werden.

Sollte Ihr Kind beim Nachklatschen Fehler machen, wiederholen Sie bitte das betreffende Rhythmusbeispiel.

Beispiel: • — • • • (• steht für kurzes Klatschen, – für Klatschen mit Pause)

Klatschbeispiele finden Sie bei Nr. 85 auf der CD.

1. — — — •
2. • • — • •
3. — • — • •
4. — • • — •
5. — — — • •

Hand – Sand – Wand

1. Weglassen des ersten Lautes

Lesen Sie Ihrem Kind die folgenden Wörter nacheinander vor. Ihr Kind soll bei jedem Wort zunächst den ersten Laut benennen. In einem zweiten Schritt soll es den ersten Laut weglassen und das Wort dann aussprechen. Durch das Weglassen des ersten Lautes entsteht ein anderes Wort.

Beispiel: *Maus* → **m** → **aus**

Bitte beachten Sie, dass *sch* ein einzelner Laut ist!

Ameise	Tunke	Schalter
Trichter	kriechen	graben

Hand – Sand – Wand

2. Wörter in Silben zerlegen

Unten finden Sie Wörter, die Ihr Kind in Silben zerlegt klatschen soll. Zur einfachen Darstellung der richtigen Lösungen sind die Wörter bereits in Silben zerlegt.

Bitte lesen Sie Ihrem Kind jedes Wort langsam vor, ohne es in Silben zu zerlegen. Nun soll Ihr Kind das Wort in Silben klatschen und dabei **laut mitsprechen**.

Sollte Ihr Kind die Lösung nicht finden, klatschen Sie das Wort vor, klatschen Sie es dann gemeinsam, und danach soll Ihr Kind das Wort noch einmal allein klatschen.

Beispiel: *Hase* – *Ha-se* (**zweimal klatschen**)

Ul-rich	Ma-the-ma-tik	Brief-pa-pier	Hin-der-nis-lauf
Gras	Freun-de	Schrau-ben-zie-her	Be-sen-stiel
Ei-che	Be-we-gung	Dampf-schiff-fahrt	Pur-zel-baum
Pflan-zen	Te-le-fon-ka-bel	Pol-ter-a-bend	

3. Wörter nachsprechen

Sprechen Sie Ihrem Kind die folgenden Wörter in normalem Sprechtempo vor.

Sollte Ihr Kind Probleme haben, die Wörter nachzusprechen, wiederholen Sie die Wörter gemeinsam in langsamerem Tempo.

Rumtopfflasche	Verkehrsstaudurchsage
Fünfcentmünze	Geschwisterschwatz

4. Figuren zeichnen

Ihr Kind soll versuchen, folgende Figuren möglichst genau nachzuzeichnen.
In der letzten Reihe soll Ihr Kind eine eigene Figur zeichnen.

1. Wörter in Silben zerlegen

Hand – Sand – Wand

Unten finden Sie Wörter, die Ihr Kind in Silben zerlegt klatschen soll. Zur einfachen Darstellung der richtigen Lösungen sind die Wörter bereits in Silben zerlegt.

Bitte lesen Sie Ihrem Kind jedes Wort langsam vor, ohne es in Silben zu zerlegen. Nun soll Ihr Kind das Wort in Silben klatschen und dabei **laut mitsprechen.**

Sollte Ihr Kind die Lösung nicht finden, klatschen Sie das Wort vor, klatschen Sie es dann gemeinsam, und danach soll Ihr Kind das Wort noch einmal allein klatschen.

Beispiel: *Hase* – *Ha-se* (**zweimal klatschen**)

Rolf	Pa-pa-gei	Ra-be
Be-sen-stiel	Wand-far-be	Schmu-se-kat-ze
Mar-tin	Se-gel-boot	Bett-la-ken
Bahn-glei-se	Feld-ha-se	Ba-de-man-tel

2. Reimen

Hand – Sand – Wand

Lesen Sie Ihrem Kind die nachfolgenden Reime einzeln in normalem Sprechtempo vor. Das Kind soll anschließend das fehlende Reimwort ergänzen.Wenn Ihr Kind nach zweimaligem Vorlesen die Lösung nicht findet, dann geben Sie Ihrem Kind den Anfangsbuchstaben der Lösung vor. Sollte auch das anfangs noch nicht helfen, sprechen Sie Ihrem Kind bitte den vollständigen Vers vor und lassen ihn von Ihrem Kind wiederholen.

1. Manche haben lange Nasen
   große Ohren haben ...
2. In großer Not
   gibt's wenig ...
3. Kunibert nimmt einen Teller
   und holt Oliven aus dem ...
4. Auf ihr Brot streicht meine Mutter
   lieber Leberwurst als ...
5. Tarek hat Mut,
   das find ich ...

3. Weglassen des letzten Lautes

Hand – Sand – Wand

Lesen Sie Ihrem Kind die folgenden Wörter nacheinander vor. Ihr Kind soll bei jedem Wort zunächst den letzten Laut benennen.
In einem zweiten Schritt soll es den letzten Laut weglassen und das Wort dann aussprechen. Durch das Weglassen des letzten Lautes entsteht ein sinnloses Phantasiewort.

Beispiel: *Telefon* → **n** → **Telefo**

Bitte beachten Sie, dass *sch* ein einzelner Laut ist!

Sonne	Oma	Beet
Stuhl	Zaun	Fisch

4. Wörter nachsprechen

Sprechen Sie Ihrem Kind diese Wörter in normalem Sprechtempo vor.

Sollte Ihr Kind Probleme haben, diese Wörter nachzusprechen, wiederholen Sie die Wörter gemeinsam in langsamerem Tempo.

Zwanzigpfundnote Zirbelnusspfosten Bohnerwachsflaschen

5. Rhythmus nachklatschen

Klatschen Sie Ihrem Kind mit den Händen die unten vorgegebenen Rhythmen nacheinander vor, wobei das Kind Ihre Hände gut sehen soll. Nach jedem Rhythmus fordern Sie Ihr Kind auf, den eben geklatschten Rhythmus nachzuklatschen.

Bitte achten Sie darauf, dass sowohl der Rhythmus als auch die Anzahl richtig wiedergegeben werden.

Sollte Ihr Kind beim Nachklatschen Fehler machen, wiederholen Sie bitte das betreffende Rhythmusbeispiel.

Beispiel: • — • • • (• steht für kurzes Klatschen, — für Klatschen mit Pause)

Klatschbeispiele finden Sie bei Nr. 85 auf der CD.

1. ● — — ●
2. — ● ● — ●
3. — ● — ● ●
4. — — ● ●
5. ● — ● — ●

3. Teil: Der Fluss

Nachdem Elvira die Kläranlage hinter sich gelassen hatte, schwamm sie in dem sauberen Wasser des Kanals weiter zum Fluss. Wie sie dieses neue Gefühl von Freiheit genoss! Kamusa hatte ihr gesagt, sie solle immer flussabwärts schwimmen. Kurz bevor es dunkel wurde, stellte Elvira aber entsetzt fest, dass sich der Fluss vor ihr teilte. Wo sollte sie nun hin?
Die kleine Schildkröte beschloss, am Ufer eine Pause einzulegen und nach dem Weg zu fragen. Sie kletterte an Land und gleich bei den ersten Büschen traf sie eine junge Ratte. „Guten Abend, kannst du mir bitte sagen, welcher Flusslauf am schnellsten das Meer erreicht?“, fragte Elvira höflich. Die Ratte schnupperte, deutete hektisch nach rechts und verschwand.
Erleichtert kehrte Elvira zum Wasser zurück und schwamm los. Bald wurde es vor ihr immer lauter, und dann tauchte eine riesige Schleuse auf. Voller Angst paddelte die kleine Schildkröte ans Ufer. „Kann ich dir helfen?“, tönte eine freundliche Stimme über ihr. Es war Olfu, der Biber. Glücklich über diesen Empfang vertraute ihm Elvira ihre Geschichte an. Doch was musste sie hören? Sie war auf dem falschen Weg!
Olfu tröstete sie: „Gib bloß nicht gleich auf! Manchmal führt auch ein Schritt zurück zum Ziel. Ich zeige dir die Straße zum richtigen Flussarm. Vielleicht nimmt dich jemand ein Stück mit.“
Elvira bedankte sich herzlich und brach auf. Inzwischen war es dunkel geworden, und im Mondenschein wanderte sie die Straße entlang. Bald darauf entdeckte eine Radfahrerin die Wanderin, hob sie auf und setzte sie auf ihren Gepäckträger. „Meine Kinder werden sich freuen“, meinte sie. Aber dazu kam es nicht. Als sie etwas später an der Flussgabelung ankamen, sprang der Frau die Kette. Sie setzte Elvira ins Gras und begann mit der Reparatur. Als sie weiterfahren konnte, war die kleine Schildkröte verschwunden. Elvira konnte im Mondlicht den Flussarm silbern schimmern sehen. Dieses Mal war es der richtige.

13. Tag

1. Laute heraushören

Hand – Sand – Wand

Lesen Sie Ihrem Kind unten stehende Wörter vor. Immer wenn ein Wort mit einem langen oder kurzen *a* vorgelesen wird, soll Ihr Kind auf den Tisch klopfen.

1. Eisenbahn, Huhn, Hafen, Gas, Wolke, im, Tafel, Haar, Spur, um, Waage, voll, Ohr, Aal, der, gelb, Uhr, Saal, Tor, Mahl, Decke

2. Blume, Kamm, Berg, Topf, Kunst, Dach, nass, Block, Bad, Gast, Bart, Fliesen, rasch, Heft, alle, Hand, Öse, Kerstin, Gruß, das

2. Weglassen des ersten Lautes

Hand – Sand – Wand

Lesen Sie Ihrem Kind die folgenden Wörter nacheinander vor. Ihr Kind soll bei jedem Wort zunächst den ersten Laut benennen.

In einem zweiten Schritt soll es den ersten Laut weglassen und das Wort dann aussprechen. Durch das Weglassen des ersten Lautes entsteht ein sinnloses Phantasiewort.

Beispiel: *Tisch* → **t** → **isch**

Bitte beachten Sie, dass *sch* ein einzelner Laut ist!

Elefant	lachen	Frage
Schaufel	Tomate	Maske

3. Wörter nachsprechen

Sprechen Sie Ihrem Kind die folgenden Wörter in normalem Sprechtempo vor.

Sollte Ihr Kind Probleme haben, diese Wörter nachzusprechen, wiederholen Sie die Wörter gemeinsam in langsamerem Tempo.

Straßenkreuzung
Salatblattlaus
Reißverschlussnaht

4. Töne unterscheiden – Lautstärke (CD Nr. 30–33)

Pro Nummer auf der CD erklingen zwei Töne. Nach dem Abspielen der Töne soll Ihr Kind entscheiden, ob der zweite Ton lauter oder leiser war als der erste.

Entscheidet Ihr Kind sich bei einer oder mehreren Aufgaben für die falsche Lösung, wiederholen Sie bitte die entsprechende Aufgabe.

5. Töne unterscheiden – Tonhöhe (CD Nr. 56–61)

Pro Nummer auf der CD erklingen zwei Töne. Nach dem Abspielen der Töne soll Ihr Kind entscheiden, ob der zweite Ton höher oder tiefer war als der erste.

Entscheidet Ihr Kind sich bei einer oder mehreren Aufgaben für die falsche Lösung, wiederholen Sie bitte die entsprechende Aufgabe.

Hand – Sand – Wand

1. Laute heraushören

Lesen Sie Ihrem Kind unten stehende Wörter vor. Immer wenn ein Wort mit einem langen oder kurzen *i* vorgelesen wird, soll Ihr Kind die Hand heben.

1. Bach, ihr, Geld, fies, das, Wand, schief, Los, gießt, liest, Uhr, Liebe, Nummer, Farbe, schieben, Nacht, Mond, Traktor, riechen
2. Moos, dicker, Bub, spritzt, Dose, Arzt, Tisch, Fest, Stift, ich, spitz, Hüte, Feder, Tinte, Rind, Büchse, Gift, Licht, Rübe, Ritter, doof

Hand – Sand – Wand

2. Reimen

Lesen Sie Ihrem Kind die nachfolgenden Reime einzeln in normalem Sprechtempo vor. Das Kind soll anschließend das fehlende Reimwort ergänzen.

Wenn Ihr Kind nach zweimaligem Vorlesen die Lösung nicht findet, dann geben Sie Ihrem Kind den Anfangsbuchstaben der Lösung vor.

Sollte auch das anfangs noch nicht helfen, sprechen Sie Ihrem Kind bitte den vollständigen Vers vor und lassen ihn von Ihrem Kind wiederholen.

1. Eine Maus
schleicht ins ...
2. Wickel, wackel, wockel,
fang mir einen ...
Kapihn, kapahn, kapuhn
dazu ein kleines ...
3. Während die Eltern daheim lasen,
spielten die Kinder auf dem ...
4. Natascha nähte die Gardine,
mit ihrer neuen Näh...
5. Der Tiger ist 'ne Katze
mit einer mächt'gen ...
6. Felipe ruft: „Nanu!“
Wer schlug die Türe ...?

3. Wörter in Silben zerlegen

Hand – Sand – Wand

Unten finden Sie Wörter, die Ihr Kind in Silben zerlegt klatschen soll. Zur einfachen Darstellung der richtigen Lösungen sind die Wörter bereits in Silben zerlegt.

Bitte lesen Sie Ihrem Kind jedes Wort langsam vor, ohne es in Silben zu zerlegen. Nun soll Ihr Kind das Wort in Silben klatschen und dabei **laut mitsprechen.**

Sollte Ihr Kind die Lösung nicht finden, klatschen Sie das Wort vor, klatschen Sie es dann gemeinsam, und danach soll Ihr Kind das Wort noch einmal allein klatschen.

Beispiel: *Hase* – *Ha-se* (**zweimal klatschen**)

Te-le-fon	Scho-ko-la-de	Vo-gel
Schaf	Klei-dung	Ni-ko-laus
Schul-stun-de	Specht	Sa-la-man-der

4. Rhythmus nachklatschen – ohne Sicht der Hände

Klatschen Sie Ihrem Kind mit den Händen die unten vorgegebenen Rhythmen nacheinander vor, wobei das Kind Ihre Hände **nicht sehen darf.** Nach jedem Rhythmus fordern Sie Ihr Kind auf, den eben geklatschten Rhythmus nachzuklatschen.

Bitte achten Sie darauf, dass sowohl der Rhythmus als auch die Anzahl richtig wiedergegeben werden.

Sollte Ihr Kind beim Nachklatschen Fehler machen, wiederholen Sie bitte das betreffende Rhythmusbeispiel.

Beispiel: • — • • • (• steht für kurzes Klatschen, — für Klatschen mit Pause)

Klatschbeispiele finden Sie bei Nr. 85 auf der CD.

1. — • — — •
2. — — •
3. • • • — •
4. — • • — •
5. • • — • •

1. Fehler suchen

Jede Reihe enthält zwei fehlerhafte Bilder. Diese soll Ihr Kind ankreuzen.

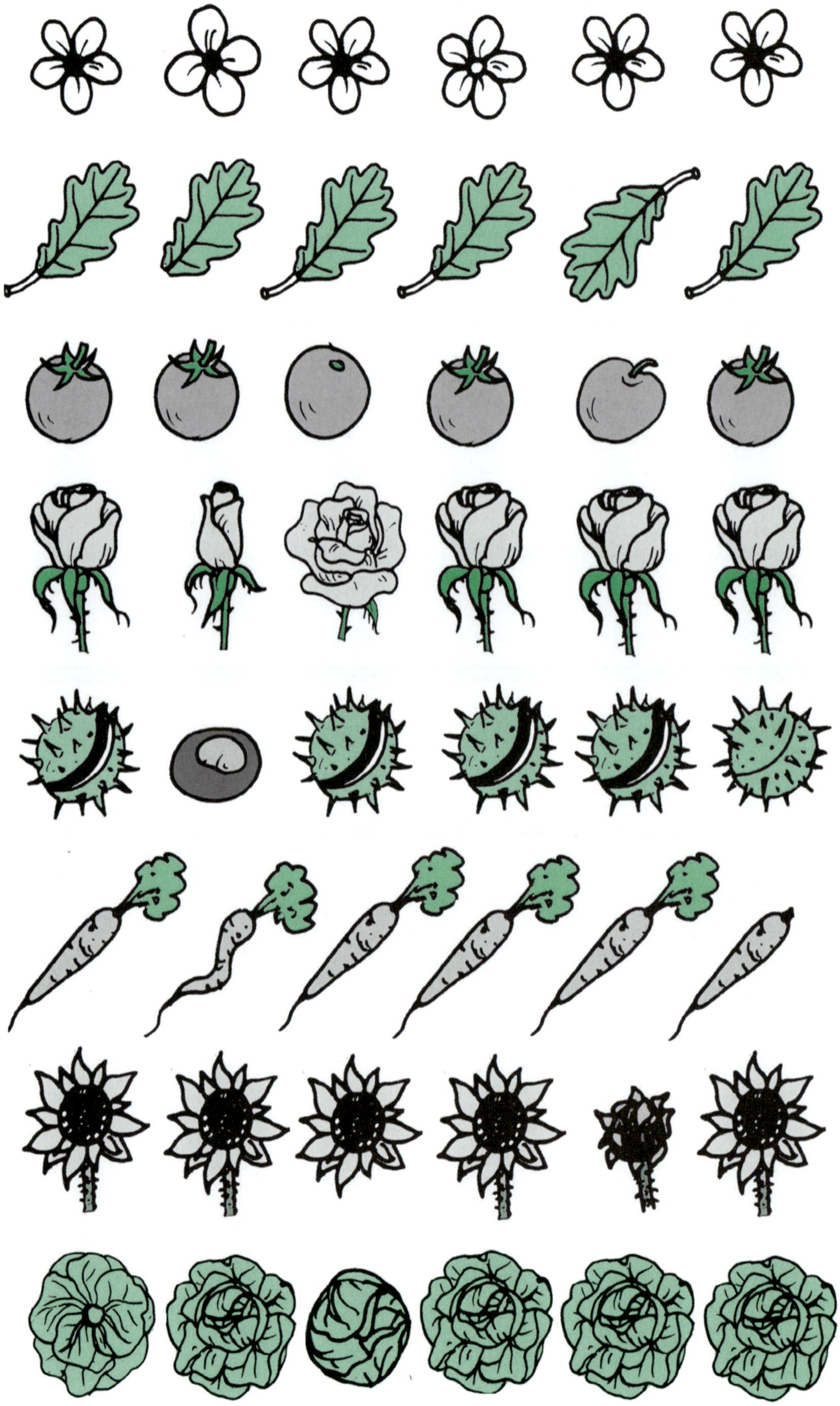

2. Labyrinth

Wie kommt die Maus zum Käse?
Ihr Kind soll den Weg einzeichnen, ohne dabei die Wände zu berühren.

3. Wörter nachsprechen

Sprechen Sie Ihrem Kind diese Wörter in normalem Sprechtempo vor.

Sollte Ihr Kind Probleme haben, diese Wörter nachzusprechen, wiederholen Sie die Wörter gemeinsam in langsamerem Tempo.

Tanzschrittfolge

Stummfilmproduzent

Flachbettscanner

1. Laute heraushören

Hand – Sand – Wand

Lesen Sie Ihrem Kind unten stehende Wörter vor. Immer wenn ein Wort mit einem langen oder kurzen *u* vorgelesen wird, soll Ihr Kind in die Hände klatschen.

1. Buch, Tiger, Kuh, Hase, nass, Hut, Korb, Uhr, Schule, Kugel, Prinzessin, Keks, Apfelmus, nicht, Fuß
2. Reh, Honig, putzen, flach, Nebel, Butter, Becher, genug, Bus, Kette, rechts, kurz, Giebel, um

2. Wörter in Silben zerlegen

Hand – Sand – Wand

Unten finden Sie Wörter, die Ihr Kind in Silben zerlegt klatschen soll. Zur einfachen Darstellung der richtigen Lösungen sind die Wörter bereits in Silben zerlegt.

Bitte lesen Sie Ihrem Kind jedes Wort langsam vor, ohne es in Silben zu zerlegen. Nun soll Ihr Kind das Wort in Silben klatschen und dabei **laut mitsprechen.**

Sollte Ihr Kind die Lösung nicht finden, klatschen Sie das Wort vor. Dann klatschen Sie es gemeinsam, und danach soll Ihr Kind das Wort noch einmal allein klatschen.

Beispiel: *Hase* – *Ha-se* (**zweimal klatschen**)

Tem-po	Reh	Schul-zen-trum
Kuh	En-te	Recht-schrei-ben
Zie-gen	Trak-tor	Tin-ten-fass
Pflan-ze	Ku-gel-schrei-ber	Laub-baum
nass	Stie-fel	Hei-zung

3. Töne unterscheiden (CD Nr. 62 – 65)

Pro Nummer auf der CD erklingen zwei Töne. Nach dem Abspielen der Töne soll Ihr Kind entscheiden, ob der zweite Ton höher oder tiefer war als der erste.

Entscheidet Ihr Kind sich bei einer oder mehreren Aufgaben für die falsche Lösung, wiederholen Sie bitte die entsprechende Aufgabe.

4. Töne zeichnen (CD Nr. 66 – 70)

Pro Nummer auf der CD erklingen mehrere Töne. Beim Abspielen der Töne soll Ihr Kind auf einem Blatt Papier einen Punkt malen, wenn es einen kurzen Ton hört, und einen Strich, wenn es einen langen Ton hört.

Entscheidet Ihr Kind sich bei einer oder mehreren Aufgaben für die falsche Lösung, wiederholen Sie bitte die entsprechende Aufgabe.

5. Rhythmus nachklatschen – ohne Sicht der Hände

Klatschen Sie Ihrem Kind mit den Händen die unten vorgegebenen Rhythmen nacheinander vor, wobei das Kind Ihre Hände **nicht sehen darf**.
Nach jedem Rhythmus fordern Sie Ihr Kind auf, den eben geklatschten Rhythmus nachzuklatschen.

Bitte achten Sie darauf, dass sowohl der Rhythmus als auch die Anzahl richtig wiedergegeben werden.

Sollte Ihr Kind beim Nachklatschen Fehler machen, wiederholen Sie bitte das betreffende Rhythmusbeispiel.

Beispiel: • — • • • (• steht für kurzes Klatschen, — für Klatschen mit Pause)

Klatschbeispiele finden Sie bei Nr. 85 auf der CD.

1. ● ● — ● ●
2. — ● ● ● ●
3. — ● — ● ●
4. ● ● — — ●
5. — ● ● — ● ●

1. Position der Laute finden

Hand – Sand – Wand

Lesen Sie Ihrem Kind nachfolgende Wörter vor. Nach jedem Wort soll Ihr Kind entscheiden, ob es das *a* am Anfang (erster Laut), in der Mitte oder am Ende (letzter Laut) gehört hat.

Ast, lila, Ahnung, Alter, da, Jahre, Adler, aber, Ina, sagen, Vera, hoppla, Anne, Laster, am, Hand, Arm, Opa, Blatt, Tasse, Dach, Affe, Oma, Wasser, Schatz, Ball, Ampel

2. Wörter vervollständigen

Hand – Sand – Wand

Sprechen Sie Ihrem Kind die folgenden Wortteile vor. Klopfen Sie an der Stelle auf den Tisch, an der Ihr Kind den Laut ergänzen soll, um das Wort zu vervollständigen.

Bei einigen Wörtern gibt es mehrere Lösungsmöglichkeiten.

Beispiel: Kind hört: *Mau__* → Kind ergänzt: **Maus**

Nach__

Bo__en

Au__o

Tannen__weig

__opf

3. Figuren zeichnen

Ihr Kind soll versuchen, folgende Figuren möglichst genau nachzuzeichnen. In der letzten Reihe soll Ihr Kind eine eigene Figur zeichnen.

4. Labyrinth

Wie kommt das Huhn zum Ei?
Ihr Kind soll den Weg einzeichnen, ohne dabei die Wände zu berühren.

1. Laute heraushören

Hand – Sand – Wand

Lesen Sie Ihrem Kind unten stehende Wörter vor. Immer wenn ein Wort mit einem langen oder kurzen *o* vorgelesen wird, soll Ihr Kind auf den Tisch klopfen.

1. Onkel, haben, Schwein, Oase, Feuerwehr, Tag, gut, Auto, Rute, Timo, Blatt, schief, holen, Los, nach, schonen, Teich, Rose, Dose
2. offen, Mist, schlucken, kosten, Socke, tief, Affe, Rolle, Kasten, Schrott, Holz

2. Position der Laute finden

Hand – Sand – Wand

Lesen Sie Ihrem Kind nachfolgende Wörter vor. Nach jedem Wort soll Ihr Kind entscheiden, ob es das *u* am Anfang (erster Laut), in der Mitte oder am Ende (letzter Laut) gehört hat.

Lilu, husten, gut, Blume, und, Schuh, Suse, Stuhl, Uhr, Emu, Uli, nun, Hund, unten, Tuch, Ulm, du

3. Wörter – gleich oder unterschiedlich?

Lesen Sie Ihrem Kind nun die folgenden Wörter deutlich vor. Manche Wörter sind gleich, manche verschieden. Wenn zwei Wörter unterschiedlich sind, soll Ihr Kind den Unterschied erklären.

Falls Ihr Kind bei einem oder mehreren Wörtern eine falsche Antwort gibt, wiederholen Sie bitte die Wörter in langsamerem Tempo.

Beispiel: *Tasse* – *Tor* („Aus einer Tasse kann man trinken, ein Tor kann man auf- und zumachen.“)

Kind – Wind

Nonne – Nonne

Brause – Pause

Rose – Dose

Ziege – Ziege

danken – tanken

4. Wörter vervollständigen

Hand – Sand – Wand

Sprechen Sie Ihrem Kind die folgenden Wortteile vor. Klopfen Sie an der Stelle auf den Tisch, an der Ihr Kind den Laut ergänzen soll, um das Wort zu vervollständigen.

Bei einigen Wörtern gibt es mehrere Lösungsmöglichkeiten.

Beispiel: Kind hört: *Mau__* → Kind ergänzt: **Maus**

Pu___el

Freu___e

A___ril

P___an

Blü___e

5. Wörter nachsprechen

Sprechen Sie Ihrem Kind die folgenden Wörter in normalem Sprechtempo vor.

Sollte Ihr Kind Probleme haben, diese Wörter nachzusprechen, wiederholen Sie die Wörter gemeinsam in langsamerem Tempo.

Polizeidirektion

Rettungsleitstelle

Hubschraubereinsatz

Theatervorführung

Tiefseetaucher

6. Rhythmus nachklatschen – ohne Sicht der Hände

Klatschen Sie Ihrem Kind mit den Händen die unten vorgegebenen Rhythmen nacheinander vor, wobei das Kind Ihre Hände **nicht sehen darf.** Nach jedem Rhythmus fordern Sie Ihr Kind auf, den eben geklatschten Rhythmus nachzuklatschen.

Bitte achten Sie darauf, dass sowohl der Rhythmus als auch die Anzahl richtig wiedergegeben werden.

Sollte Ihr Kind beim Nachklatschen Fehler machen, wiederholen Sie bitte das betreffende Rhythmusbeispiel.

Beispiel: • — • • • (• steht für kurzes Klatschen, — für Klatschen mit Pause)

Klatschbeispiele finden Sie bei Nr. 85 auf der CD.

1. — • — • •
2. — • • — •
3. • — — • •
4. • — — •
5. — • — • — •

4. Teil: Das Meer

Abgekämpft rastete Elvira auf einem Stein und zog sich zum Schlafen unter ihren Panzer. Sie träumte von ihrer Heimat und von der großen Freude, als sie schwimmen gelernt hatte und die ganze Familie zusammen zum ersten Mal im Meer herumpaddelte.
Am nächsten Morgen wachte die kleine Schildkröte munter, aber hungrig auf und suchte sich etwas zu futtern. Dann begann sie flussabwärts zu schwimmen. Stunde um Stunde, Tag um Tag vergingen, und immer noch kam das Meer nicht in Sicht. Olfu hatte ihr doch erzählt, dass es nicht mehr weit wäre. Hatte er sich etwa ebenso getäuscht wie die Ratte? Erschöpft ließ Elvira sich mit der jetzt immer stärker werdenden Strömung treiben.
„Ob ich das Meer überhaupt erreiche?“ Vor lauter Verzweiflung merkte sie nicht, dass der Fluss immer breiter wurde und das Wasser immer salziger schmeckte. Bald darauf waren die beiden Flussufer verschwunden und sie schaukelte in der sanften Meeresdünung. Erleichtert ruderte sie an den Strand. Und dann überströmte sie ein ganz wunderbares Gefühl: Schritt für Schritt und mit vielen, vielen Schwimmstößen würde sie ihr Ziel erreichen.
Ganz in Gedanken war ihr nicht aufgefallen, dass am Horizont die Umrisse einer Insel aus dem Wasser ragten. Als sie diese endlich bemerkte, hüpfte ihr Herz vor lauter Freude. Gleich da vorn lag ihre Heimat! Sofort stürzte sie sich wieder ins Meer und schwamm so rasch, wie sie nur konnte, der Insel entgegen. Immer wieder wurde sie durch die starke Strömung abgetrieben, doch sie hatte ihr Ziel vor Augen und nichts konnte sie mehr davon abbringen.
Die Strecke war doch länger, als Elvira vorher gedacht hatte. Es wurde schnell dunkel und nur am Blinken des Leuchtturms auf der Insel konnte sich die kleine Schildkröte orientieren. Mit letzter Kraft schaffte sie es an den Strand der Insel. In der Nähe fand sie eine kleine Höhle und kroch hinein. Völlig ausgepumpt, aber glücklich und zufrieden, schlief sie ein.

19. Tag

1. Wörter – gleich oder unterschiedlich?

Lesen Sie Ihrem Kind nun die folgenden Wörter deutlich vor. Manche Wörter sind gleich, manche verschieden. Wenn zwei Wörter unterschiedlich sind, soll Ihr Kind den Unterschied erklären.

Falls Ihr Kind bei einem oder mehreren Wörtern eine falsche Antwort gibt, wiederholen Sie bitte die Wörter in langsamerem Tempo.

Beispiel: *Tasse* – *Tor* („Aus einer Tasse kann man trinken, ein Tor kann man auf- und zumachen.“)

1. Nase – Vase
2. Hase – Hase
3. Meer – Teer
4. Trauben – rauben
5. Kiste – Kiste
6. Kopf – Topf

2. Wörter in Silben zerlegen und zählen

Hand – Sand – Wand

Unten finden Sie Wörter, die Ihr Kind in Silben zerlegt klatschen soll. Zur einfachen Darstellung der richtigen Lösungen sind die Wörter bereits in Silben zerlegt.

Bitte lesen Sie Ihrem Kind jedes Wort langsam vor, ohne es in Silben zu zerlegen. Nun soll Ihr Kind das Wort in Sprechsilben zerlegen und für jede Silbe einen Strich auf ein Blatt Papier malen.

Am Ende des Wortes soll Ihr Kind sagen, wie viele Silben dieses Wort hat.

Sollte Ihr Kind die richtige Lösung nicht finden, klatschen Sie das Wort vor. Dann klatschen Sie es gemeinsam. Danach soll Ihr Kind das Wort allein klatschen und anschließend die Lösung nennen.

Beispiel: *Hase* – *Ha-se* (**zwei Silben, zwei Striche**)

Ba-na-nen-stau-de (5)	Bir-git (2)	Fisch (1)
Fens-ter-schei-be (4)	Maul-wurf (2)	Weih-nachts-maus (3)
Os-ter-ha-se (4)	Mar-me-la-de (4)	

3. Reimen

Hand – Sand – Wand

Lesen Sie Ihrem Kind nachfolgende Reime einzeln in normalem Sprechtempo vor. Das Kind soll anschließend das fehlende Reimwort ergänzen.

Wenn Ihr Kind nach zweimaligem Vorlesen die Lösung nicht findet, dann geben Sie Ihrem Kind den Anfangsbuchstaben der Lösung vor.

Sollte auch das anfangs noch nicht helfen, sprechen Sie Ihrem Kind bitte den vollständigen Vers vor und lassen ihn von Ihrem Kind wiederholen.

1. Der Schirm war weiß und blau,
   das weiß ich ganz ...
2. Tsching derassa bum,
   der Tanzbär dreht sich ...
3. Auf einem riesengroßen Berg,
   da sitzt ein klitzekleiner ...
4. Otto ist schlau,
   die Maus ist ...
5. Zum Geburtstag wünscht sich Suse,
   eine schicke neue ...
6. Bauer Johanns neue Kuh,
   gibt Tag und Nacht noch keine ...
7. Geht Lisa durch die Blumenwiesen,
   muss sie immerzu nur ...

4. Wörter vervollständigen

Hand – Sand – Wand

Sprechen Sie Ihrem Kind die folgenden Wortteile vor. Klopfen Sie an der Stelle auf den Tisch, an der Ihr Kind den Laut ergänzen soll, um das Wort zu vervollständigen.

Bei einigen Wörtern gibt es mehrere Lösungsmöglichkeiten.

Beispiel: Kind hört: *Mau__* ➔ Kind ergänzt: **Maus**

__unnel

__amm

Kl__ber

T__sse

a__er

__apier

5. Töne unterscheiden (CD Nr. 50 – 55)

Pro Nummer auf der CD erklingen zwei Töne. Nach dem Abspielen der Töne soll Ihr Kind entscheiden, ob der zweite Ton höher oder tiefer war als der erste.

Entscheidet Ihr Kind sich bei einer oder mehreren Aufgaben für die falsche Lösung, wiederholen Sie bitte die entsprechende Aufgabe.

1. Wörter – gleich oder unterschiedlich?

Lesen Sie Ihrem Kind die folgenden Wörter deutlich vor. Manche Wörter sind gleich, manche verschieden. Wenn zwei Wörter unterschiedlich sind, soll Ihr Kind den Unterschied erklären.

Falls Ihr Kind bei einem oder mehreren Wörtern eine falsche Antwort gibt, wiederholen Sie bitte die Wörter in langsamerem Tempo.

Beispiel: *Tasse* – *Tor* („Aus einer Tasse kann man trinken, ein Tor kann man auf- und zumachen.“)

1. Tinte – Tinte
2. Fach – Dach
3. Tasse – Kasse
4. teuer – Feuer
5. Tal – Tal
6. Fund – Hund
7. Tisch – Fisch
8. Last – Mast
9. Wort – fort

2. Laute ersetzen

Hand – Sand – Wand

Lesen Sie Ihrem Kind jedes der folgenden Wörter einzeln vor. Ihr Kind soll das Wort nachsprechen und nur über das Hören das *a* durch ein *o* ersetzen.

Wenn es dabei Probleme haben sollte, sprechen Sie das Wort noch einmal langsam und versuchen Sie jeden Laut lang zu sprechen.

Falls dann immer noch Probleme auftreten sollten, lassen Sie Ihr Kind das Wort lesen und dann den Laut ersetzen.

1. baden
2. Kamm
3. Wagen
4. Dach
5. Gang
6. Glatze
7. Matte
8. Rat
9. Mast
10. Latte
11. Kasten
12. Wanne
13. nach
14. Rasen

3. Rhythmus nachklatschen – ohne Sicht der Hände

Klatschen Sie Ihrem Kind mit den Händen die unten vorgegebenen Rhythmen nacheinander vor, wobei das Kind Ihre Hände **nicht sehen darf**. Nach jedem Rhythmus fordern Sie Ihr Kind auf, den eben geklatschten Rhythmus nachzuklatschen.

Bitte achten Sie darauf, dass sowohl der Rhythmus als auch die Anzahl richtig wiedergegeben werden.

Sollte Ihr Kind beim Nachklatschen Fehler machen, wiederholen Sie bitte das betreffende Rhythmusbeispiel.

Beispiel: • — • • • (• steht für kurzes Klatschen, — für Klatschen mit Pause)

Klatschbeispiele finden Sie bei Nr. 85 auf der CD.

1. • — • — •
2. — — • •
3. — — • — •
4. — • • — — •
5. — • — • — •

1. Muster malen

Ihr Kind soll die Figuren abzeichnen.

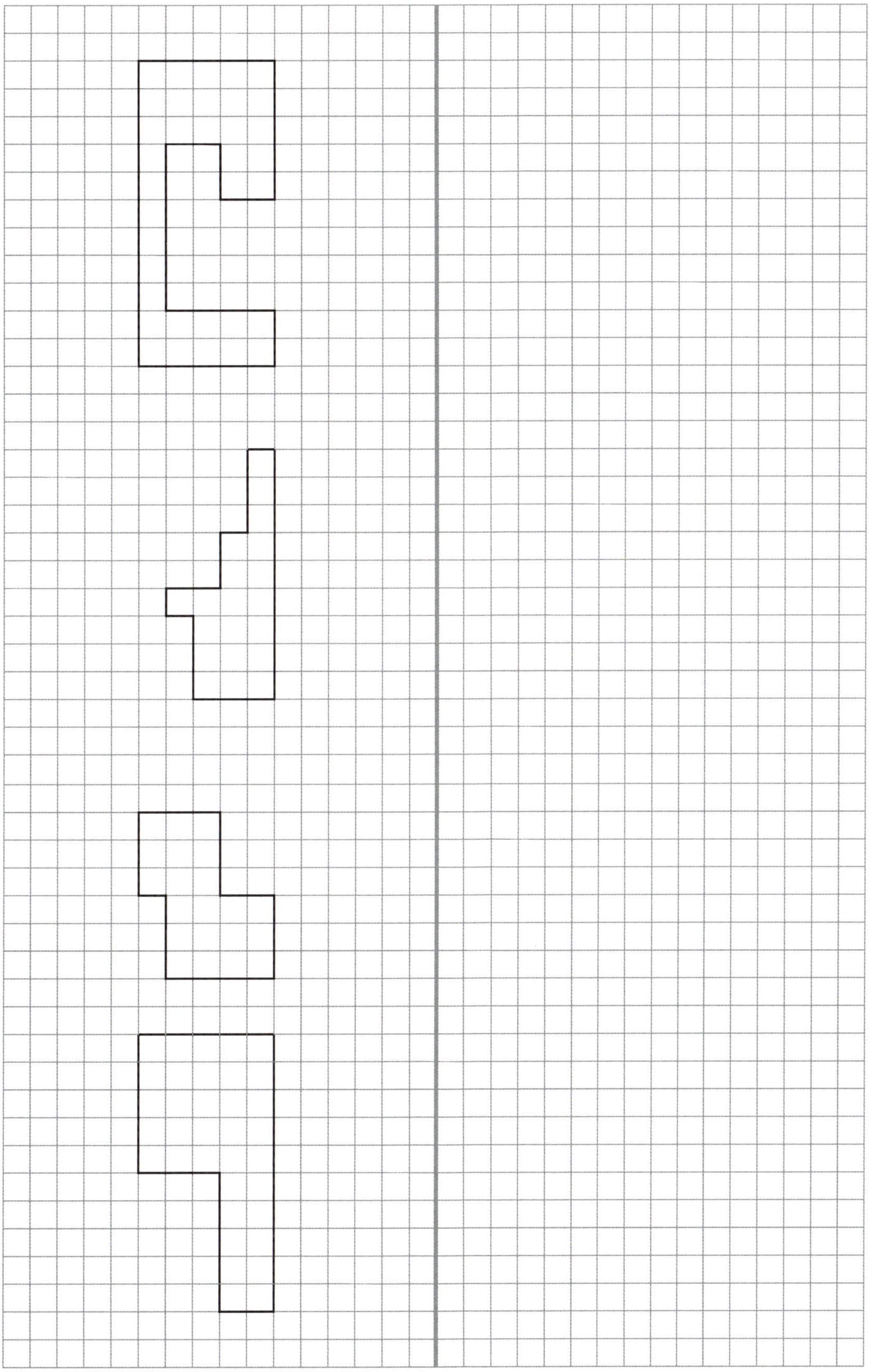

2. Wörter vervollständigen

Hand – Sand – Wand

Sprechen Sie Ihrem Kind die folgenden Wortteile vor. Klopfen Sie an der Stelle auf den Tisch, an der Ihr Kind den Laut ergänzen soll, um das Wort zu vervollständigen.
Bei einigen Wörtern gibt es mehrere Lösungsmöglichkeiten.

Beispiel: Kind hört: *Mau__* ➔ Kind ergänzt: **Maus**

1. __uch
2. Hi__fe
3. __latt
4. F__eund
5. Sch__ee
6. Ro__e

3. Laute ersetzen

Hand – Sand – Wand

Lesen Sie Ihrem Kind jedes der folgenden Wörter einzeln vor. Ihr Kind soll das Wort nachsprechen und nur über das Hören das *a* durch ein *u* ersetzen.

Wenn es dabei Probleme haben sollte, sprechen Sie das Wort noch einmal langsam und versuchen Sie jeden Laut lang zu sprechen.

Falls dann immer noch Probleme auftreten sollten, lassen Sie Ihr Kind das Wort lesen und dann den Laut ersetzen.

1. tanken
2. Schlag
3. Schatz
4. nass
5. patzen
6. Maße
7. sparen
8. Stahl
9. kalt
10. Rand

1. Reimen

Hand – Sand – Wand

Lesen Sie Ihrem Kind die nachfolgenden Reime einzeln in normalem Sprechtempo vor. Das Kind soll anschließend das fehlende Reimwort ergänzen.

Wenn Ihr Kind nach zweimaligem Vorlesen die Lösung nicht findet, dann geben Sie Ihrem Kind den Anfangsbuchstaben der Lösung vor.

Sollte auch das anfangs noch nicht helfen, sprechen Sie Ihrem Kind bitte den vollständigen Vers vor und lassen ihn von Ihrem Kind wiederholen.

1. Auf dem Tisch steht eine Dose,
und im Garten wächst 'ne ...
2. Tom isst eine Pflaume,
die hing an Nachbars ...
3. Ein Hund braucht eine Leine,
die Katzen brauchen ...
4. Otto schießt den Ball,
oh, er trifft den ...
5. Du brauchst heute noch mehr Kraft?
Probier's mal mit Gemüse...

2. Laute ersetzen

Hand – Sand – Wand

Lesen Sie Ihrem Kind die folgenden Wörter einzeln vor. Nun soll Ihr Kind jedes Wort nachsprechen und nur über das Hören das *u* durch ein *a* ersetzen.

Wenn es dabei Probleme haben sollte, sprechen Sie das Wort noch einmal langsam und versuchen Sie jeden Laut lang zu sprechen.

Falls dann immer noch Probleme auftreten sollten, lassen Sie Ihr Kind das Wort lesen und dann den Laut ersetzen.

1. Luchs
2. Tusche
3. Kummer
4. Lust
5. Hund
6. Lumpen
7. Buden
8. Puppe
9. Lunge
10. schuf

3. Restwortsuche

Hand – Sand – Wand

Lesen Sie Ihrem Kind jeden Wortrest einzeln vor. Nun soll Ihr Kind mehrere Wörter finden, die genauso enden. Dabei können mehrere Laute ergänzt werden.

Wenn Ihr Kind damit Probleme haben sollte, nennen Sie ihm ein mögliches Wort und bitten Sie es, weitere Wörter zu suchen.

Beispiel: __ *ade: schade, Made, Parade, Pomade, gerade, …*

1. __ft
2. __er
3. __sch
4. __at

4. Töne unterscheiden (CD Nr. 56 – 61)

Pro Nummer auf der CD erklingen zwei Töne. Nach dem Abspielen der Töne soll Ihr Kind entscheiden, ob der zweite Ton höher oder tiefer war als der erste.

Entscheidet Ihr Kind sich bei einer oder mehreren Aufgaben für die falsche Lösung, wiederholen Sie bitte die entsprechende Aufgabe.

5. Töne zeichnen (CD Nr. 71 – 75)

Pro Nummer auf der CD erklingen mehrere Töne. Beim Abspielen der Töne soll Ihr Kind auf einem Blatt Papier einen Punkt malen, wenn es einen kurzen Ton hört, und einen Strich, wenn es einen langen Ton hört.

Entscheidet Ihr Kind sich bei einer oder mehreren Aufgaben für die falsche Lösung, wiederholen Sie bitte die entsprechende Aufgabe.

6. Rhythmus nachklatschen – ohne Sicht der Hände

Klatschen Sie Ihrem Kind mit den Händen die unten vorgegebenen Rhythmen nacheinander vor, wobei das Kind Ihre Hände **nicht sehen darf**.

Nach jedem Rhythmus fordern Sie Ihr Kind auf, den eben geklatschten Rhythmus nachzuklatschen.

Bitte achten Sie darauf, dass sowohl der Rhythmus als auch die Anzahl richtig wiedergegeben werden.

Sollte Ihr Kind beim Nachklatschen Fehler machen, wiederholen Sie bitte das betreffende Rhythmusbeispiel.

Beispiel: • — • • • (• steht für kurzes Klatschen, — für Klatschen mit Pause)

Klatschbeispiele finden Sie bei Nr. 85 auf der CD.

1. — — • — •
2. — • • — •
3. • • — — •
4. — — • • — •
5. — • — • •

1. Restwortsuche

Hand – Sand – Wand

Lesen Sie Ihrem Kind jeden Wortrest einzeln vor. Nun soll Ihr Kind mehrere Wörter finden, die genauso enden. Dabei können mehrere Laute ergänzt werden.

Wenn Ihr Kind damit Probleme haben sollte, nennen Sie ihm ein mögliches Wort und bitten Sie es, weitere Wörter zu suchen.

Beispiel: __ *ade: schade, Made, Parade, Pomade, gerade,…*

1. __ach
2. __el
3. __au
4. __fen

2. Wörter in Silben zerlegen und zählen

Hand – Sand – Wand

Unten finden Sie Wörter, die Ihr Kind in Silben zerlegt klatschen soll. Zur einfachen Darstellung der richtigen Lösungen sind die Wörter bereits in Silben zerlegt.

Bitte lesen Sie Ihrem Kind jedes Wort langsam vor, ohne es in Silben zu zerlegen. Nun soll Ihr Kind das Wort in Sprechsilben zerlegen und für jede Silbe einen Strich auf ein Blatt Papier malen.

Am Ende des Wortes soll Ihr Kind sagen, wie viele Silben dieses Wort hat.

Sollte Ihr Kind die richtige Lösung nicht finden, klatschen Sie das Wort vor. Dann klatschen Sie es gemeinsam. Danach soll Ihr Kind das Wort allein klatschen und anschließend die Lösung nennen.

Beispiel: *Hase – Ha-se* (**zwei Silben, zwei Striche**)

Rei-fen (2)
Wasch-ma-schi-ne (4)
Turn-schuh (2)
Park-bank (2)
Dra-chen-kopf (3)
Mar-me-la-den-brot (5)
Fo-to-pa-pier (4)
Schür-ze (2)

3. Silben ordnen

Hand – Sand – Wand

Hier finden Sie mehrsilbige Wörter, bei denen die Silben vertauscht sind. Sprechen Sie Ihrem Kind diese Silben vor. Ihr Kind hat die Aufgabe, die Silben so zu ordnen, dass ein sinnvolles Wort entsteht.

Falls Ihr Kind die Lösung nicht findet, geben Sie ihm die erste Silbe vor.

1. fel Ta
2. ge Zie
3. ten Gar
4. sche Ta
5. te Tin
6. den Bo
7. gen Wa

4. Phantasiewörter nachsprechen

Sprechen Sie Ihrem Kind die Wörter unten in normalem Sprechtempo vor.

Sollte Ihr Kind Probleme haben, diese Wörter nachzusprechen, wiederholen Sie die Wörter gemeinsam in langsamerem Tempo.

1. drimofo
2. schaminka
3. trelebopko
4. nitrosini
5. krampuranu
6. tralolafiko

5. Gleiches wieder finden

Ihr Kind soll in jeder Reihe den Schirm finden, der aussieht wie der erste.

6. Wortsuche

Ihr Kind soll in dem Buchstabensalat das Wort **Schale** suchen und einkreisen (10).

SchaleSchuleScheleSchalelascheleschulenSchaleleSchelelaSchalel

uSchalelSchagellSchateSchaleSchalenaschenSchalennaschennasch

enschlaleScScholeScSchaleShaemscchalenSaschenShcaleSchilesc

hälelascahaleSchäleShcalenaschenSchuleschielesSchalesdchdchan

7. Abzählvers nachsprechen

Sprechen Sie Ihrem Kind in langsamem Tempo die erste Zeile vor. Ihr Kind soll nun diese Zeile mit Ihnen gemeinsam nachsprechen.

Wenn Ihr Kind diese beherrscht, lesen Sie die nächste Zeile vor und wiederholen gemeinsam die ersten beiden Zeilen. Führen Sie die Übung nach diesem Schema fort.

Die Biene hat acht Beine,
ein Wurm hat dafür keine.
Der Hund hat davon vier,
mit dreien gibt's kein Tier.
Der Mensch, der hat nur zwei,
und du, du bist jetzt frei!

1. Wörter in Silben zerlegen und zählen

Hand – Sand – Wand

Unten finden Sie Wörter, die Ihr Kind in Silben zerlegt klatschen soll. Zur einfachen Darstellung der richtigen Lösungen sind die Wörter bereits in Silben zerlegt.

Bitte lesen Sie Ihrem Kind jedes Wort langsam vor, ohne es in Silben zu zerlegen. Nun soll Ihr Kind das Wort in Sprechsilben zerlegen und **sich merken,** wie viele Silben das Wort hat.

Sollte Ihr Kind die richtige Lösung nicht finden, klatschen Sie das Wort vor. Dann klatschen Sie es gemeinsam. Danach soll Ihr Kind das Wort allein klatschen und anschließend die Lösung nennen.

Beispiel: *Hase – Ha-se* (**zweimal klatschen, zwei Silben**)

Au-to (2)	Vor-hang (2)	Pla-kat (2)	Tor-na-do (3)
Dra-chen-zahn (3)	Te-le-fon-buch (4)	Gar-ten (2)	Schwe-den (2)
Stutt-gart (2)	Berg-stei-ger (3)	Haus-schuh (2)	Tel-ler (2)

2. Laute ersetzen

Hand – Sand – Wand

Lesen Sie Ihrem Kind die folgenden Wörter einzeln vor. Nun soll Ihr Kind jedes Wort nachsprechen und nur über das Hören das *a* durch ein *e* ersetzen.

Wenn es dabei Probleme haben sollte, sprechen Sie das Wort noch einmal langsam und versuchen Sie jeden Laut lang zu sprechen.

Falls dann immer noch Probleme auftreten sollten, lassen Sie Ihr Kind das Wort lesen und dann den Laut ersetzen.

1. Rabe
2. Rast
3. sagen
4. lahm
5. Fall
6. haben
7. halfen
8. laben
9. lasen
10. haften
11. sprangen
12. schalten
13. sahen
14. tasten

3. Wörter – gleich oder unterschiedlich?

Lesen Sie Ihrem Kind die folgenden Wörter deutlich vor. Manche Wörter sind gleich, manche verschieden. Wenn zwei Wörter unterschiedlich sind, soll Ihr Kind den Unterschied erklären.

Falls Ihr Kind bei einem oder mehreren Wörtern eine falsche Antwort gibt, wiederholen Sie bitte die Wörter in langsamerem Tempo.

Beispiel: *Tasse* – *Tor* („Aus einer Tasse kann man trinken, ein Tor kann man auf und zu machen.")

1. Hof – Hof
2. Nadel – Nagel
3. Panne – Tanne
4. Teig – feig
5. Tropf – Tropf
6. Hut – Mut
7. Gast – Mast

4. Phantasiewörter nachsprechen

Sprechen Sie Ihrem Kind die folgenden Wörter in normalem Sprechtempo vor.

Sollte Ihr Kind Probleme haben, diese Wörter nachzusprechen, wiederholen Sie die Wörter gemeinsam in langsamerem Tempo.

1. getrafe
2. fumatratick
3. topitralko
4. tagimanolito

5. Rhythmus nachklatschen – ohne Sicht der Hände

Klatschen Sie Ihrem Kind mit den Händen die unten vorgegebenen Rhythmen nacheinander vor, wobei das Kind Ihre Hände **nicht sehen darf.** Nach jedem Rhythmus fordern Sie Ihr Kind auf, den eben geklatschten Rhythmus nachzuklatschen.

Bitte achten Sie darauf, dass sowohl der Rhythmus als auch die Anzahl richtig wiedergegeben werden.

Sollte Ihr Kind beim Nachklatschen Fehler machen, wiederholen Sie bitte das betreffende Rhythmusbeispiel.

Beispiel: • — • • • (• steht für kurzes Klatschen, — für Klatschen mit Pause)

Klatschbeispiele finden Sie bei Nr. 85 auf der CD.

1. — • — • •
2. — • • — •
3. • — — • •
4. • — — •
5. — • — • — •

5. Teil: Die Insel

Als Elvira am Morgen erwachte, wunderte sie sich, dass es am Strand so lebhaft zuging. Viele Menschen liefen umher, und sie hörte Hunde kläffen. Dies verwirrte Elvira. Denn als sie noch auf den Galapagosinseln lebte, waren die Strände menschenleer gewesen. Hatten die Menschen die Tiere vertrieben? Wie sollte sie da ihre Familie finden? Voller Sorgen kroch sie aus ihrer Höhle und stapfte am Wasser entlang. Eine große Möwe landete neben ihr und krächzte verwundert: „Gestatten, Mali. Was hat denn eine kleine Schildkröte wie du hier verloren?“ Elvira war froh, dass sie jemanden mit so großem Überblick gefunden hatte.
„Ach, Mali, ich suche meine Familie. Seit wann gibt es denn hier auf den Galapagosinseln so viele Menschen?“ Mali kreischte verwundert: „Galapagosinseln? Das hier ist England, wir sind auf der Insel White. Siehst du die großen Schiffe? Das ist der Hafen von Southampton.“ Fast hätte die kleine Schildkröte geweint, so enttäuscht war sie. Alle Freude von gestern war dahin. Wäre sie doch in ihrem Zoo geblieben! Aber Mali tröstete sie und meinte: „Wenn du mir von deiner Heimat erzählst, bringe ich dich nach Southampton und suche das nächste Schiff nach Südamerika.“ Elvira war sofort einverstanden. Sie erinnerte sich wieder an Kamusas Worte von den vielen kleinen Schritten. Dieses Mal durfte sie fliegen! Mali hielt sie mit ihren Krallen fest und segelte davon. Unterwegs erzählte Elvira ihr alles über ihre wunderschönen Inseln, das blaugrüne Meer dort und ihre Familie. Die Zeit verging im Fluge, und bald landeten sie in Southampton. Elvira versteckte sich dort, und Mali verschwand, um sich nach den Abfahrtszeiten der Schiffe zu erkundigen. Schließlich kehrte die Möwe strahlend zurück: „Wir haben Glück. Um 22 Uhr legt ein Frachtschiff nach Südamerika ab.“ Elvira wunderte sich: „Wir? Willst du mich begleiten?“ Mali kreischte ganz begeistert: „Ich freue mich fast so wie du auf deine Heimat. Von so einem Paradies habe ich schon immer geträumt.“ Endlich war die kleine Schildkröte auf ihrem weiten Weg nach Hause nicht mehr allein!

25. Tag

1. Laute ersetzen

Hand – Sand – Wand

Lesen Sie Ihrem Kind die folgenden Wörter einzeln vor. Nun soll Ihr Kind das Wort nachsprechen und nur über das Hören das *a* durch ein *i* ersetzen.

Wenn es dabei Probleme haben sollte, sprechen Sie das Wort noch einmal langsam und versuchen Sie jeden Laut lang zu sprechen.

Falls dann immer noch Probleme auftreten sollten, lassen Sie Ihr Kind das Wort lesen und dann den Laut ersetzen.

1. Bast
2. Last
3. packen
4. Fax
5. knacksen
6. stacheln
7. dran
8. Falter
9. schnappen
10. wanken
11. Dach
12. Bass

2. Silben ordnen

Hand – Sand – Wand

Hier finden Sie mehrsilbige Wörter, bei denen die Silben vertauscht sind. Sprechen Sie Ihrem Kind diese Silben vor. Ihr Kind hat die Aufgabe, die Silben so zu ordnen, dass ein sinnvolles Wort entsteht.

Falls Ihr Kind die Lösung nicht findet, geben Sie ihm die erste Silbe vor.

1. tung Zei
2. sche Fla
3. la Bett ken
4. te Schild krö
5. fant le E
6. wurm gen Re
7. men topf Blu
8. Fe ball der

3. Restwortsuche

Hand – Sand – Wand

Lesen Sie Ihrem Kind jeden Wortrest einzeln vor. Nun soll Ihr Kind mehrere Wörter finden, die genauso enden. Dabei können mehrere Laute ergänzt werden.
Wenn Ihr Kind damit Probleme haben sollte, nennen Sie ihm ein mögliches Wort und bitten Sie es, weitere Wörter zu suchen.

Beispiel: ___ *ade: schade, Made, Parade, Pomade, gerade,…*

1. ___sche
2. ___en
3. ___tt
4. ___ck

4. Reimen

Hand – Sand – Wand

Lesen Sie Ihrem Kind die Sätze unten einzeln in normalem Sprechtempo vor. Das Kind soll anschließend das fehlende Reimwort ergänzen.

Wenn Ihr Kind nach zweimaligem Vorlesen die Lösung nicht findet, dann geben Sie Ihrem Kind den Anfangsbuchstaben der Lösung vor.

Sollte auch das anfangs noch nicht helfen, sprechen Sie Ihrem Kind bitte den vollständigen Vers vor und lassen ihn von Ihrem Kind wiederholen.

Teilst mit Tieren du dein Haus
sieht dein Tag nie öde aus.

Ständig ist hier etwas los,
neulich war es Vaters ...

An der wollt Neo sich erproben,
doch keiner wollt ihn dafür ...

Alle zerrten aufgeregt,
doch zu spät, sie war zer...

Auch uns're Katze hetzt uns sehr,
will stets hinter den Vögeln ...

Die Amsel warnt, wir stürmen raus
schon sitzt die Katz im Vogel...

Grad will sie nach dem Kleinsten schnappen,
da wirft entnervt Papa den ...

Durch Mutters Schrei die Katze flieht,
der Schuh die Bahn ins Fenster ...

5. Töne zeichnen (CD Nr. 76 – 80)

Pro Nummer auf der CD erklingen mehrere Töne. Beim Abspielen der Töne soll Ihr Kind auf einem Blatt Papier einen Punkt malen, wenn es einen kurzen Ton hört, und einen Strich, wenn es einen langen Ton hört.

Entscheidet Ihr Kind sich bei einer oder mehreren Aufgaben für die falsche Lösung, wiederholen Sie bitte die entsprechende Aufgabe.

26. Tag

1. Wörter in Silben zerlegen und zählen

Hand – Sand – Wand

Unten finden Sie Wörter, die Ihr Kind in Silben zerlegt klatschen soll.
Zur einfachen Darstellung der richtigen Lösungen sind die Wörter bereits in Silben zerlegt.

Bitte lesen Sie Ihrem Kind jedes Wort langsam vor, ohne es in Silben zu zerlegen. Nun soll Ihr Kind das Wort in Sprechsilben zerlegen und **sich merken**, wie viele Silben das Wort hat.

Sollte Ihr Kind die richtige Lösung nicht finden, klatschen Sie das Wort vor. Dann klatschen Sie es gemeinsam. Danach soll Ihr Kind das Wort allein klatschen und anschließend die Lösung nennen.

Beispiel: *Hase – Ha-se* (**zweimal klatschen, zwei Silben**)

Ra-di-o (3)	Fern-se-her (3)	Stern (1)	Son-ne (2)
Tram-po-lin (3)	Mond (1)	Him-mels-zelt (3)	
Post-kar-te (3)	Ka-len-der (3)	Ku-gel-schrei-ber (4)	

2. Laute ersetzen

Hand – Sand – Wand

Lesen Sie Ihrem Kind die folgenden Wörter nacheinander vor. Nun soll Ihr Kind jedes Wort nachsprechen und nur über das Hören das erste e durch ein o ersetzen.

Wenn es dabei Probleme haben sollte, sprechen Sie das Wort noch einmal langsam und versuchen Sie jeden Laut lang zu sprechen.

Falls dann immer noch Probleme auftreten sollten, lassen Sie Ihr Kind das Wort lesen und dann den Laut ersetzen.

1. drehen
2. eben
3. Kehle
4. Enkel
5. fehlen
6. leben
7. kneten
8. stecken
9. bergen
10. lesen

3. Silben ordnen

Hand – Sand – Wand

Hier finden Sie mehrsilbige Wörter, bei denen die Silben vertauscht sind. Sprechen Sie Ihrem Kind diese Silben vor. Ihr Kind hat die Aufgabe, die Silben so zu ordnen, dass ein sinnvolles Wort entsteht.

Falls Ihr Kind die Lösung nicht findet, geben Sie ihm die erste Silbe vor.

1. Grund le schu
2. dil ko Kro
3. zen schmer Zahn
4. se A mei
5. Schul te tü
6. fer hund Schä

4. Rhythmus nachklatschen – ohne Sicht der Hände

Klatschen Sie Ihrem Kind mit den Händen die unten vorgegebenen Rhythmen nacheinander vor, wobei das Kind Ihre Hände **nicht sehen darf**. Nach jedem Rhythmus fordern Sie Ihr Kind auf, den eben geklatschten Rhythmus nachzuklatschen.

Bitte achten Sie darauf, dass sowohl der Rhythmus als auch die Anzahl richtig wiedergegeben werden.

Sollte Ihr Kind beim Nachklatschen Fehler machen, wiederholen Sie bitte das betreffende Rhythmusbeispiel.

Beispiel: • — • • • (• steht für kurzes Klatschen, — für Klatschen mit Pause)

Klatschbeispiele finden Sie bei Nr. 85 auf der CD.

1. • — — •
2. — — • •
3. • • — • •
4. — • • — •
5. — — • •

1. Wortsuche

Ihr Kind soll in dem Buchstabensalat das Wort **Kasper** suchen und einkreisen (**11**).

KasperKasperaspterkapKasperperasasperlKasperterpaKasperKas
pkaspperperkaKsperlKasperperkasterlkasplerKaspKasperKasperK
askperkspeKasperkkasrepsaKaspdrepsaKasperlrepsaKasperlrepsa

Ihr Kind soll in dem Buchstabensalat das Wort **Zahn** suchen und einkreisen (**10**).

ZahnzehZahnzehnZangeZahnZahnzehZannZahnZaznnahZahhwehZa
ngeZahneZungeZaunZangeZahnenzehnZehnerZinahZaqnZapnZahnZ
anazahZahnZohnZanhnzehnenZahnazahZnahnZohnZanhnzehnenZe

2. Buchstabensuche

Ihr Kind soll in jeder Zeile die vier Buchstaben suchen, die nicht zu den anderen passen.

oooooooaooooooooooaoooooooooooaoooooooooaooooooooooooo
ooooaooooooooooaooooooooooooaoooooooooooooooooaooooooo
oooooooaoooaoooooooooooooooooooaoooooooooooooaoooooooo
oooooooooaooooooooooooooooooooooaooooaooooooooooooaooo
ooooooooooaooaoooooooooooaooooooooooaooooooooooooooooo

mmnmmmmnmmmmmmmmmmmmmnmmmmmnmmmmmmmmm
mmnmmmmmmmmmnmmmmmmmmmmmmmmmnmmmmmmnm
mmnmmmmmnmmmmmmmmmmmnmmmmmmmmmmmmnmmm
mmmmmmmnmmmmmmmmmmmmmmnmmmnmmmmmmnmmm
mnmmmmmmmmmmmnmmmnmmmmmmmmmnmmmmmmmmm

3. Wörter vervollständigen

Hand – Sand – Wand

Sprechen Sie Ihrem Kind die folgenden Wortteile vor. Klopfen Sie an der Stelle auf den Tisch, an der Ihr Kind den Laut ergänzen soll, um das Wort zu vervollständigen.

Bei einigen Wörtern gibt es mehrere Lösungsmöglichkeiten.

Beispiel: Kind hört: *Mau__* → Kind ergänzt: **Maus**

1. K__ammer
2. Sch__ur
3. __on
4. Ord__er
5. b__ond
6. __eere

4. Töne unterscheiden (CD Nr. 60–65)

Pro Nummer auf der CD erklingen zwei Töne. Nach dem Abspielen der Töne soll Ihr Kind entscheiden, ob der zweite Ton höher oder tiefer war als der erste.

Entscheidet Ihr Kind sich bei einer oder mehreren Aufgaben für die falsche Lösung, wiederholen Sie bitte die entsprechende Aufgabe.

1. Wörterdomino

Hand – Sand – Wand

Im Anhang auf Seite 93 finden Sie acht Bilder. Als Vorbereitung für diese Aufgabe lassen Sie Ihr Kind die Bilder bitte ausschneiden.

Bei dieser Übung soll Ihr Kind ein Domino aus den Wörtern legen, die auf den Bildern abgebildet sind.

Das erste Bild finden Sie unten auf dieser Seite. Suchen Sie mit Ihrem Kind den Begriff zu diesem Bild (Fisch).

Die Aufgabe besteht darin, im Domino immer als nächstes das Bild anzulegen, das mit dem Laut anfängt, mit dem das vorherige Wort aufgehört hat.

Das Wort *Fisch* endet mit *sch*. Ihr Kind muss nun also das Bild suchen, auf dem ein Begriff abgebildet ist, der mit *sch* anfängt.

Nach diesem Prinzip geht es weiter, bis alle acht ausgeschnittenen Bilder angelegt sind.

Beispiel: *Nest – Teufel – Limo – Oma – ....*

Bitte beachten Sie, dass *sch* und *au* Einzellaute sind!

2. Laute ersetzen

Hand – Sand – Wand

Lesen Sie Ihrem Kind die folgenden Wörter nacheinander vor. Nun soll Ihr Kind jedes Wort nachsprechen und nur über das Hören das *i* durch ein *o* ersetzen.

Wenn es dabei Probleme haben sollte, sprechen Sie das Wort noch einmal langsam und versuchen Sie jeden Laut lang zu sprechen.

Falls dann immer noch Probleme auftreten sollten, lassen Sie Ihr Kind das Wort lesen und dann den Laut ersetzen.

1. Wille
2. Riss
3. schicken
4. Wirt
5. Mist
6. Rille
7. dich
8. Blick
9. frisch
10. besinnen

3. Töne unterscheiden (CD Nr. 53 – 58)

Pro Nummer auf der CD erklingen zwei Töne. Nach dem Abspielen der Töne soll Ihr Kind entscheiden, ob der zweite Ton höher oder tiefer war als der erste.

Entscheidet Ihr Kind sich bei einer oder mehreren Aufgaben für die falsche Lösung, wiederholen Sie bitte die entsprechende Aufgabe.

4. Töne zeichnen (CD Nr. 81 – 84)

Pro Nummer auf der CD erklingen mehrere Töne. Beim Abspielen der Töne soll Ihr Kind auf einem Blatt Papier einen Punkt malen, wenn es einen kurzen Ton hört, und einen Strich, wenn es einen langen Ton hört.

Entscheidet Ihr Kind sich bei einer oder mehreren Aufgaben für die falsche Lösung, wiederholen Sie bitte die entsprechende Aufgabe.

5. Rhythmus nachklatschen – ohne Sicht der Hände

Klatschen Sie Ihrem Kind mit den Händen die unten vorgegebenen Rhythmen nacheinander vor, wobei das Kind Ihre Hände **nicht sehen darf**. Nach jedem Rhythmus fordern Sie Ihr Kind auf, den eben geklatschten Rhythmus nachzuklatschen.

Bitte achten Sie darauf, dass sowohl der Rhythmus als auch die Anzahl richtig wiedergegeben werden.

Sollte Ihr Kind beim Nachklatschen Fehler machen, wiederholen Sie bitte das betreffende Rhythmusbeispiel.

Beispiel: • — • • • (• steht für kurzes Klatschen, — für Klatschen mit Pause)

Klatschbeispiele finden Sie bei Nr. 85 auf der CD.

1. — • — •
2. • • — — •
3. • — • — •
4. • • • — •
5. • — • •

1. Wörterdomino

Hand – Sand – Wand

Im Anhang auf Seite 95 finden Sie acht Bilder. Als Vorbereitung für diese Aufgabe lassen Sie Ihr Kind die Bilder bitte ausschneiden.

Bei dieser Übung soll Ihr Kind ein Domino aus den Wörtern legen, die auf den Bildern abgebildet sind.

Das erste Bild finden Sie unten auf dieser Seite. Suchen Sie mit Ihrem Kind den Begriff zu diesem Bild (Baum).

Die Aufgabe besteht darin, im Domino immer als nächstes das Bild anzulegen, das mit dem Laut anfängt, mit dem das vorherige Wort aufgehört hat.

Das Wort *Baum* endet mit *m*. Ihr Kind muss nun also das Bild suchen, auf dem ein Begriff abgebildet ist, der mit *m* anfängt.

Nach diesem Prinzip geht es weiter, bis alle acht ausgeschnittenen Bilder angelegt sind.

Beispiel: *Nest – Teufel – Limo – Oma – ...*

Bitte beachten Sie, dass *sch* ein Einzellaut ist!

29. Tag

2. Buchstaben suchen

Ihr Kind soll in dem Buchstabensalat den Buchstaben **k** suchen und einkreisen (18).

Alskdfjasdncaskldljsdfasldscnlasdkjfasdasdnlasdflasdjfanslakhsdad

sfgsdfjgrjtafgaslnlösdfaölsjgaiasdfnarkthafhasvlascvjöycjvlaksdlarla

wnealsdfhjlaskdjkcnalmsdföasdfölkjxcvlakplahwejrakbfaksdjhalksca

smdfnalekraösdhfaälsdjferqweriuoafzelrasdkjfhuerlasdcjkasdfjldrgd

fjfalgfzwgfzvvlslasfgchgsafaslfsghfazgffsdfgchgsakfaslfsghfazgfkfsd

3. Phantasiewörter nachsprechen

Sprechen Sie Ihrem Kind die Wörter unten in normalem Sprechtempo vor.

Sollte Ihr Kind Probleme haben, diese Wörter nachzusprechen, wiederholen Sie die Wörter gemeinsam in langsamerem Tempo.

1. schamuniko
2. jomanika
3. tiflakosa
4. murialima

4. Umlautstriche ergänzen

Ihr Kind soll die **Umlautstriche** ergänzen, wo sie fehlen (35).

öööüüääüäüuööööuüööööäääöuäüuöaöaäüöüaöoüüäuüöüäaä

uöüöäöüööüüoäööuäüoüoüöoäüoäöuüäüaöuüääuöaüäääööaüüääää

ääaüoäüaääuüaöööööüääaöäääöoööäaoöoäuüaäöööööüääüäöüäö

1. Silben ordnen

Hand – Sand – Wand

Hier finden Sie mehrsilbige Wörter, bei denen die Silben vertauscht sind. Sprechen Sie Ihrem Kind diese Silben vor. Ihr Kind hat die Aufgabe, die Silben so zu ordnen, dass ein sinnvolles Wort entsteht.

Falls Ihr Kind die Lösung nicht findet, geben Sie ihm die erste Silbe vor.

1. Ka ze pu
2. ten Kar spiel
3. band uhr Arm
4. Ei bahn sen
5. ter Licht schal

2. Phantasiewörter nachsprechen

Sprechen Sie Ihrem Kind die Wörter unten in normalem Sprechtempo vor.

Sollte Ihr Kind Probleme haben, diese Wörter nachzusprechen, wiederholen Sie die Wörter gemeinsam in langsamerem Tempo.

1. tralofano
2. hatschimanuter
3. kimologiser

3. Abzählvers nachsprechen

Sprechen Sie Ihrem Kind in langsamem Tempo die erste Zeile vor. Ihr Kind soll nun diese Zeile mit Ihnen gemeinsam nachsprechen.

Wenn Ihr Kind diese beherrscht, lesen Sie die nächste Zeile vor und wiederholen gemeinsam die ersten beiden Zeilen. Führen Sie die Übung nach diesem Schema fort.

Die Kuh frisst Gras,
so wie der Has.
Die Katze fängt Mäuse
und keine Läuse.
Die Maus nascht Speck,
und du bist weg!

4. Zungenbrecher nachsprechen

Lesen Sie Ihrem Kind den Satz unten in langsamem Tempo vor und fordern Sie es danach auf, diesen nachzusprechen.

Gelingt dies Ihrem Kind am Anfang noch nicht, wiederholen Sie den Zungenbrecher. Wenn der Satz Ihrem Kind sehr schwerfallen sollte, sprechen Sie ihn langsam mit Ihrem Kind gemeinsam, oder zerlegen Sie den Satz in Teilsätze zum Nachsprechen.

Eine sportliche Spitzmaus spazierte spät durch ein spanisches Sportstadion, als sie über einen sperrigen Spaten stolperte.

5. Rhythmus nachklatschen – ohne Sicht der Hände

Klatschen Sie Ihrem Kind mit den Händen die unten vorgegebenen Rhythmen nacheinander vor, wobei das Kind Ihre Hände **nicht sehen darf**. Nach jedem Rhythmus fordern Sie Ihr Kind auf, den eben geklatschten Rhythmus nachzuklatschen.

Bitte achten Sie darauf, dass sowohl der Rhythmus als auch die Anzahl richtig wiedergegeben werden.

Sollte Ihr Kind beim Nachklatschen Fehler machen, wiederholen Sie bitte das betreffende Rhythmusbeispiel.

Beispiel: • — • • • (• steht für kurzes Klatschen, — für langes Klatschen)

Klatschbeispiele finden Sie bei Nr. 85 auf der CD.

1. — • • — •
2. — — • •
3. • — • — — •
4. — — • — •
5. • • — •

6. Teil: Die Ankunft

Aufgeregt warteten die beiden neuen Freundinnen bis zur Dämmerung. Unbemerkt gelangten sie an Bord, und bald hatten sie ein Versteck gefunden, das ihnen genügend Platz bot.
Später hörten sie das laute Tuten der Schiffssirene. Pünktlich legte das große Frachtschiff in der Dunkelheit ab.
Die Tage vergingen, und niemand hatte sie bisher bemerkt. Doch dann entdeckte Martin sie, ein kleiner Junge, der zusammen mit seinem Vater die Überfahrt als Passagier mitmachte.
Martin war entzückt von der kleinen Schildkröte und brachte ihr regelmäßig Futter und etwas zu trinken. Das war Elviras Glück, denn in der ganzen Aufregung hatten sie vergessen, Proviant mitzunehmen, und Mali schaffte es nicht immer, genügend Futter für sie beide zu ergattern.
Weitere Tage vergingen und Elvira zweifelte schon daran, dass sie jemals ankommen würden. Mali machte ihr immer wieder Mut und versuchte sie mit Geschichten aus ihrem Leben aufzumuntern.
Und endlich meldete Mali, als sie von ihrer Futtersuche zurückkam, dass sie Land gesehen hätte!
Später hörten sie ein Gespräch der Matrosen mit, die erzählten, dass sie gerade den Panamakanal passierten und bald den Pazifischen Ozean erreichen würden.
Die Fahrt durch den Kanal und seine Schleusen dauerte bis zum nächsten Abend, dann waren sie im Pazifischen Ozean.
Der Tag der Landung nahte wohl, denn das Treiben an Deck wurde immer hektischer. Es war Zeit, das Schiff zu verlassen, bevor Martin noch auf die Idee kam, Elvira mitzunehmen!
Mali hatte Kräfte genug gesammelt, um sie beide durch die Luft zu den Galapagosinseln zu transportieren.
Vorher mussten sie aber noch jemanden finden, der ihnen den Weg nach Hause zeigen konnte.
Während Mali in der Luft Ausschau nach den Inseln hielt, tummelte sich Elvira überglücklich im Meer. Und schon bald begegnete sie einer Schildkrötenfamilie, die ihr die Richtung zu

den Galapagosinseln wies. Elvira tauchte auf und gab Mali ein Zeichen. Darauf schoss Mali herab, schnappte sich die kleine Schildkröte, und nach einem längeren Flug lagen die Inseln in der Morgensonne vor ihnen.
Elvira war außer sich vor Glück und auch ziemlich stolz: Sie, die kleine Wasserschildkröte, hatte es geschafft nach Hause zu kommen! Und eine neue Freundin hatte sie auch noch mitgebracht!
Es war genau wie früher: Am Strand ihrer Insel waren keine Menschen, aber viele Tiere tummelten sich dort.
Die Geschichte der Neuankömmlinge sprach sich wie ein Lauffeuer herum. Bald tauchten auch Elviras Eltern und Geschwister auf. Das war eine Freude! Fröhlich begrüßten sich alle und vor lauter Begeisterung rollte sich Elviras Vater auf den Rücken und strampelte mit allen Vieren.
Es war ja auch fast unglaublich: einer kleinen, langsamen Wasserschildkröte war diese weite Heimreise gelungen.
Sie hatte trotz aller Mühen bis zum Schluss durchgehalten und ihr Ziel mit vielen kleinen Schritten erreicht.

Wörterdomino zu Seite 84

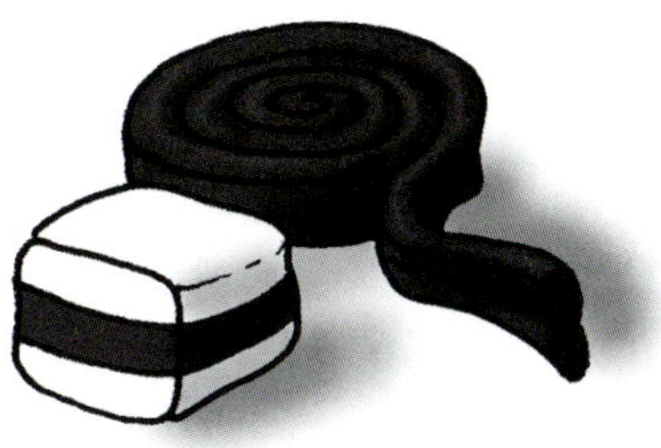

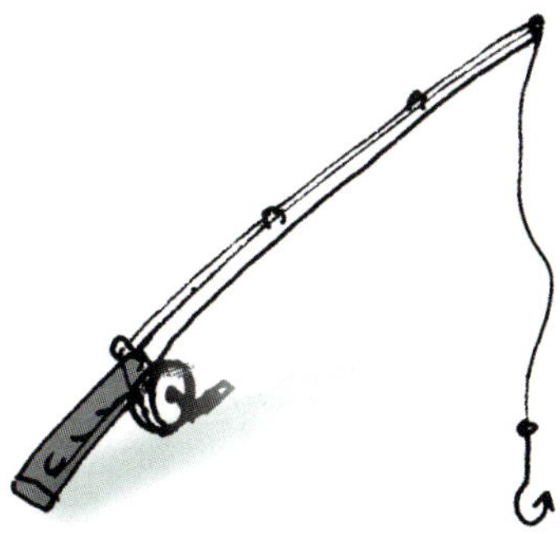

Wörterdomino zu Seite 87

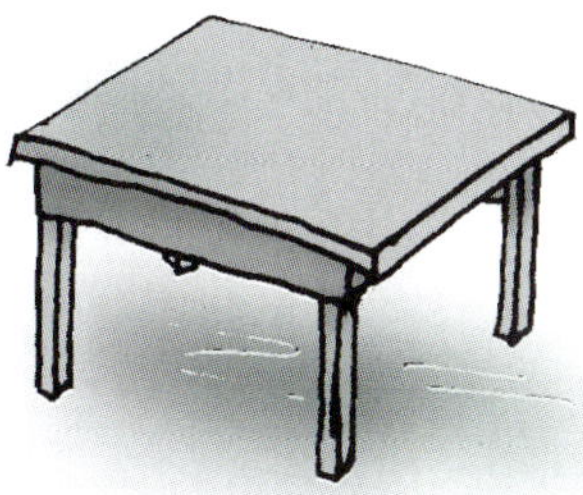

Lösungen

1. Tag (Seite 15)

Aufgabe 1

CD-Nr.	Lösung
1	kochendes Wasser
2	Kettensäge
3	Regen
4	Hundegebell
5	Wind
6	zerbrechendes Glas
7	Donner
8	Schnarchen

Aufgabe 3

CD-Nr.	Ton 2 ist ...
9	lauter
10	lauter
11	leiser
12	lauter
13	leiser
14	lauter
15	leiser
16	lauter

2. Tag (Seite 16)

Aufgabe 1

CD-Nr.	Lösung
17	Eisenbahn
18	Elefant
19	Eule/ Uhu
20	Wassertropfen
21	Helikopter
22	Klopfen
23	Kuss
24	Umblättern
25	Flugzeug

4. Tag (Seite 20)

Aufgabe 2

Mattwoch – Mittwoch; Zorkus – Zirkus; stillt – steht; Wogen – Wagen; Pilze – Platz; Spieß – Spaß; lochen – lachen; Zieltänzerin – Seiltänzerin; Rund – Rad; Pfade – Pferde; Märchen – Mädchen; Loben – Löwen; Pfütze – Plätze; Pudelbaum – Purzelbaum; Rinder – Kinder; berichtigen – besichtigen; lachen – machen

Aufgabe 3

CD-Nr.	Ton 2 ist ...
26	leiser
27	leiser
28	leiser
29	lauter
30	leiser
31	lauter
32	leiser
33	lauter

5. Tag (Seite 23)

Aufgabe 1

Kasse – Klasse; leht – geht; Freuden – Freunde; Täcker – Bäcker; malt – zahlt; Spule – Schule; passen – packen; begießt – begrüßt; Garten – Guten; hulfen – helfen; ferne – gerne

Aufgabe 4

Entstehende Wörter: Reime, Eimer

6. Tag (Seite 26)

Aufgabe 2

CD-Nr.	Lösung
34	Gurgeln
35	Hupe
36	Presslufthammer
37	Reißverschluss
38	Streichholz anzünden
39	Tischtennis
40	Treppensteigen
41	Tür

7. Tag (Seite 29)

Aufgabe 1

1. her; 2. kaum; 3. Kutsch; 4. Schlitten; 5. Fuß

Aufgabe 5

CD-Nr.	Ton 2 ist ...
42	lauter
43	leiser
44	leiser
45	lauter
46	lauter
47	lauter
48	leiser
49	leiser

8. Tag (Seite 32)

Aufgabe 3

1. Land; 2. leiser; 3. Platz; 4. Lamm; 5. Rose; 6. Ast; 7. -kessel; 8. Nase/vor

10. Tag (Seite 37)

Aufgabe 1

Hund → h → und
mich → m → ich
bin → b → in
Kauf → k → auf
rein → r → ein
grau → g → rau

Aufgabe 2

1. Hasen; 2. Watte; 3. -wandte; 4. da

Aufgabe 3

CD-Nr.	Ton 2 ist ...
13	leiser
14	lauter
15	leiser
16	lauter

Aufgabe 4

CD-Nr.	Ton 2 ist ...
50	höher
51	tiefer
52	höher
53	tiefer
54	tiefer
55	höher

11. Tag (Seite 39)

Aufgabe 1

Ameise → a → Meise
Trichter → t → Richter
Tunke → t → Unke
kriechen → k → riechen
Schalter → sch → Alter
graben → g → Raben

12. Tag (Seite 41)

Aufgabe 2

1. Hasen; 2. Brot; 3. Keller; 4. Butter; 5. gut

Aufgabe 3

Sonne →	e →	Sonn
Stuhl →	l →	Stuh
Oma →	a →	Om
Zaun →	n →	Zau
Beet →	t →	Bee
Fisch →	sch →	Fi

13. Tag (Seite 44)

Aufgabe 2

Elefant →	e →	lefant
Schaufel →	sch →	aufel
lachen →	l →	achen
Tomate →	t →	omate
Frage →	f →	rage
Maske →	m →	aske

Aufgabe 4

CD-Nr.	Ton 2 ist ...
30	leiser
31	lauter
32	leiser
33	lauter

Aufgabe 5

CD-Nr.	Ton 2 ist ...
56	höher
57	höher
58	tiefer
59	höher
60	tiefer
61	tiefer

14. Tag (Seite 46)

Aufgabe 2

1. Haus; 2. Gockel/Huhn; 3. Rasen; 4. -maschine; 5. Tatze (Pratze); 6. zu

16. Tag (Seite 51)

Aufgabe 3

CD-Nr.	Ton 2 ist ...
62	höher
63	tiefer
64	tiefer
65	höher

Aufgabe 4

CD-Nr.	— lang ● kurz
66	— ● ● —
67	— ● ● ●
68	● — ● ●
69	● — ● —
70	— ● — ●

17. Tag (Seite 53)

Aufgabe 1

Anfang	Mitte	Ende
Ast	Jahre	lila
Ahnung	sagen	da
Alter	Laster	Ina
Adler	Hand	Vera
aber	Blatt	hoppla
Anne	Tasse	Opa
am	Dach	Oma
Arm	Wasser	
Affe	Schatz	
Ampel	Ball	

Aufgabe 2

1. Nacht
2. Boden / Boten (lautlich ebenfalls richtig: bohren)
3. Auto
4. Tannenzweig
5. Topf / Kopf / Schopf

18. Tag (Seite 56)

Aufgabe 2

Anfang	Mitte	Ende
und	husten	Lilu
Uhr	gut	Schuh
Uli	Blume	Emu
unten	Suse	du
Ulm	Stuhl	
	nun	
	Hund	
	Tuch	

Aufgabe 4

1. Pudel
2. Freude (lautlich ebenfalls richtig: freute)
3. April
4. Plan
5. Blüte (lautlich ebenfalls richtig: blühe)

19. Tag (Seite 60)

Aufgabe 3

1. genau; 2. rum; 3. Zwerg; 4. grau;
5. Bluse; 6. Ruh; 7. niesen

Aufgabe 4

1. Tunnel
2. Kamm / Lamm / Damm
3. Kleber
4. Tasse
5. aber
6. Papier / kapier

Aufgabe 5

CD-Nr.	Ton 2 ist ...
50	höher
51	tiefer
52	höher
53	tiefer
54	tiefer
55	höher

20. Tag (Seite 63)

Aufgabe 2

1. Boden; 2. komm; 3. Wogen; 4. doch;
5. Gong; 6. Glotze; 7. Motte; 8. rot;
9. Most; 10. Lotte; 11. kosten
12. Wonne; 13. noch; 14. Rosen

21. Tag (Seite 65)

Aufgabe 2

1. Buch / Tuch / such
2. Hilfe
3. Blatt / glatt
4. Freund
5. Schnee (lautlich ebenfalls richtig: steh)
6. Rose /rote

Aufgabe 3

1. tunken; 2. schlug; 3. Schutz; 4. Nuss;
5. putzen; 6. Muße; 7. Spuren; 8. Stuhl;
9. Kult; 10. rund

22. Tag (Seite 67)

Aufgabe 1

1. Rose; 2. Baume; 3. keine; 4. Stall;
5. -saft

Aufgabe 2

1. Lachs; 2. Tasche; 3. Kammer; 4. Last;
5. Hand; 6. Lampen; 7. baden; 8. Pappe;
9. lange; 10. Schaf

Aufgabe 3

1. Schaft, Kraft, Saft, Stift, Heft, ...
2. Bruder, Kinder, Wunder, Ruder, Sauger, Hefter, ...
3. Fisch, frisch, Tisch, Frosch, Gemisch, ...
4. Pirat, Tat, Spinat, Verrat, Salat, Rat, ...

Aufgabe 4

CD-Nr.	Ton 2 ist ...
56	höher
57	höher
58	tiefer
59	höher
60	tiefer
61	tiefer

Aufgabe 5

CD-Nr.	— lang ● kurz
71	— ● — —
72	● — ● — ●
73	● ● ● ●
74	● ● — ● ●
75	● — ● ● ●

23. Tag (Seite 70)

Aufgabe 1

1. Schach, Krach, Fach, mach, Dach, flach, wach ...
2. dunkel, Flügel, Ampel, Kugel, Nudel, Kringel, Schlingel ...
3. Stau, Pfau, lau, schlau, grau, genau, Sau, blau ...
4. Ofen, laufen, saufen, kaufen, schnaufen ...

Aufgabe 3

1. Tafel; 2. Ziege; 3. Garten; 4. Tasche;
5. Tinte; 6. Boden; 7. Wagen

24. Tag (Seite 74)

Aufgabe 2

1. Rebe; 2. Rest; 3. Segen; 4. Lehm;
5. Fell; 6. heben; 7. helfen; 8. leben;
9. lesen; 10. heften; 11. sprengen;
12. schelten; 13. sehen; 14. testen

25. Tag (Seite 78)

Aufgabe 1

1. bist; 2. List; 3. picken; 4. fix;
5. knicksen; 6. sticheln; 7. drin; 8. Filter
9. schnippen; 10. winken; 11. dich;
12. Biss

Aufgabe 2

1. Zeitung; 2. Flasche; 3. Bettlaken;
4. Schildkröte; 5. Elefant;
6. Regenwurm; 7. Blumentopf;
8. Federball

Aufgabe 3

1. Tasche, Flasche, Masche, Fische, Wäsche, Tusche, Brosche...
2. beten, nähen, geben, treten, schieben, naschen, laufen, wissen...
3. Bett, nett, fett, Watt, Schutt, Brett, Skelett ...
4. Dreck, Tick, schick, Schock, Rock, Sack ...

Aufgabe 4

Hos, loben, -legt, her, -haus, Schlappen, zieht

Aufgabe 5

CD-Nr.	— lang ● kurz
76	● — — ●
77	— — — —
78	● ● — ● —
79	● — — —
80	— — ● —

26. Tag (Seite 80)

Aufgabe 2

1. drohen; 2. oben; 3. Kohle; 4. Onkel;
5. Fohlen; 6. loben; 7. Knoten;
8. stocken; 9. borgen; 10. losen

Aufgabe 3

1. Grundschule; 2. Krokodil;
3. Zahnschmerzen; 4. Ameise;
5. Schultüte; 6. Schäferhund

27. Tag (Seite 82)

Aufgabe 3

1. Klammer
2. Schnur / Schwur
3. Ton / schon (lautlich ebenfalls richtig: Sohn, Mohn)
4. Ordner
5. blond
6. Beere / Meere (lautlich ebenfalls richtig: kehre, Schere)

Aufgabe 4

CD-Nr.	Ton 2 ist ...
60	tiefer
61	tiefer
62	höher
63	tiefer
64	tiefer
65	höher

28. Tag (Seite 84)

Aufgabe 1

Fisch	(vorgegeben) (letzter Laut: sch)
Schaf	(erster Laut: sch, letzter Laut: f)
Frau	(erster Laut: f, letzter Laut: au)
Auto	(erster Laut: au, letzter Laut: o)
Oma	(erster Laut: o, letzter Laut: a)
Angel	(erster Laut: a, letzter Laut: l)
Lakritz	(erster Laut: l, letzter Laut: z)
Zahn	(erster Laut: z, letzter Laut: n)
Nuss	(erster Laut: n)

Aufgabe 2

1. Wolle; 2. Ross; 3. schocken; 4. Wort;
5. Most; 6. Rolle; 7. doch; 8. Block;
9. Frosch; 10. besonnen

Aufgabe 3

CD-Nr.	Ton 2 ist ...
53	tiefer
54	tiefer
55	höher
56	höher
57	höher
58	tiefer

Aufgabe 4

CD-Nr.	● kurz —— lang
81	● —— ● ●
82	—— —— ● ●
83	● —— ● —— ——
84	—— ● —— ● ●

29. Tag (Seite 87)

Aufgabe 1

Baum	(vorgegeben)(letzter Laut: m)
Maulwurf	(erster Laut: m, letzter Laut: f)
Foto	(erster Laut: f, letzter Laut: o)
Ofen	(erster Laut: o, letzter Laut: n)
Nest	(erster Laut: n, letzter Laut: t)
Tisch	(erster Laut: t, letzter Laut: sch)
Ski	(erster Laut: sch, letzter Laut: i)
Iglu	(erster Laut: i, letzter Laut: u)
Uhr	(erster Laut: u)

30. Tag (Seite 89)

Aufgabe 1

1. Kapuze; 2. Kartenspiel;
3. Armbanduhr; 4. Eisenbahn;
5. Lichtschalter

Drachenstarker Schulstart

Diese bunten Lerndrachen-Bände fördern mit fröhlichen und fantasievollen Spielübungen wichtige Grundlagen, die Kinder für einen optimalen Start in die Schule brauchen.

Die kleinen Lerndrachen
Fit für den Schulstart (4-6 Jahre)
Erstes Lesen – erstes Schreiben – Konzentration
ISBN 3-12-929490-2, 9,95 €

- erstes Lesen von Buchstaben und kleinen Wörtern
- Vorbereitung auf das Schreiben
- viele Anreize zum genauen Hinschauen und Konzentrieren
- Platz zum Ausmalen, Spielideen und mehrere Bastelbogen

Die kleinen Lerndrachen
Fit für den Schulstart (4-6 Jahre)
Mengen und Zahlen – Formen und Farben – Konzentration
ISBN 3-12-929577-1, 9,95 €

- Umgang mit Zahlen und Mengen bis 6
- erste Erfahrungen mit geometrischen Formen und Farben
- viele Anreize zum genauen Hinschauen und Konzentrieren
- Platz zum Ausmalen, Spielideen und mehrere Bastelbogen

Vorsicht Bildschirm!
von Prof. Dr. Dr. Manfed Spitzer
Elektronische Medien, Gehirnentwicklung,
Gesundheit und Gesellschaft
ISBN 3-12-010170-2, 16,95 €

Die Auswirkungen von Bildschirm-Medien auf Körper und Geist werden zusammenfassend und vor dem Hintergrund neuester Ergebnisse aus der Gehirnforschung diskutiert. Das Gefahrenpotential von Fernsehen, Video- und Computerspielen, Gameboy und Internetgebrauch wird deutlich gemacht. Medizin und vor allem Gehirnforschung zeigen klar und deutlich die negativen Auswirkungen und weisen auch Wege zum konkreten Handeln.

Das Buch richtet sich an alle, die Bildschirm-Medien konsumieren oder den Konsum anderer – vor allem Kinder und Jugendlicher – verantworten.

Diese und weitere Titel sind im Buchhandel erhältlich.

Informationen finden Sie unter **www.klett.de** oder im Lernhilfen-Katalog, den Sie kostenlos anfordern können .

Klett Lernen und Wissen GmbH, Postfach 10 26 45, 70022 Stuttgart
Telefon 07 11 · 66 72-13 33, Telefax 07 11 · 66 72-20 80

Klett